楽学

RAKUGAKU CHUGOKUGO

中国語

新潟青陵大学短期大学部 人間総合学科 准教授

孫 犁冰 著

新潟日報事業社

まえがき

　本書は、中国語を基礎から学ぶ日本の学習者を対象にしたテキストです。全27課の構成で、第1課から第26課までの各課は「対話」、「生词」、「挙一反三」の3部で構成しています。第27課は総復習で、基本文型や文法ポイントをまとめて復習すると同時に、ステップアップのための準備をします。週1回の授業で、通年で計30回で修了できることを想定しています。

　本書の内容は、実用会話を中心としています。文法事項や語彙を基礎から学びながら、着実に中国語による自己表現力を高めていくことを目指します。

　本書の特徴は以下の通りです。

1．対話形式の「対話」と文章形式の「课文」を修めることで、会話力と文章力の並行的な向上を目指します。

2．本書で取り上げる語彙830語および文法事項は、『中国語初級段階学習指導ガイドライン』＊の学習語彙表第一表600語および文法項目表で掲げられているものをできるだけ網羅しています。

3．「一を聞いて十を知る」を意味する「挙一反三」では、置き換えをしながら、文法基礎力の強化を目指します。基本文型については、初級者にとって親しみがたい文法事項を重点的に取り上げています。置き換え語については、ごく基本的な相手の好みや習慣から、場面別の情報まで聞き出せる表現を中心に取り上げています。「質問して答える」という会話のやりとりを、最低2往復できることを目指します。

　本書の刊行は、著者の勤務先である新潟青陵大学短期大学部より2021年度学長個人研究加速化補助金を受けております。

　本書の刊行に当たっては、多くの方々から協力を賜りました。とりわけ、企画・編集・出版を通じて的確なアドバイスをくださった新潟日報事業社の佐藤大輔様、田邉さやか様には心より御礼申し上げます。

2021年8月吉日　孫梨冰

＊中国語教育学会学力基準プロジェクト委員会編2007年発行

【ちょこっと中国語体験講座】

★一人ひとり、民間大使★

1. Nǐ hǎo
   你好！

2. Wǒ jiào Sūn Líbīng
   我叫孙犁冰。

3. Wǒ shì Zhōngguórén
   我是中国人。

4. Wǒ zài Xīnxì shēnghuó
   我在新潟生活。

5. Wǒ zài dàxué jiāoshū
   我在大学教书。

6. Wǒ jiāo Zhōngwén hé jīngjìxué
   我教中文和经济学。

7. Wǒ de gùxiāng shì Hā'ěr Bīn
   我的故乡是哈尔滨。

8. Nǐ zhīdào Hā'ěr Bīn ma
   你知道哈尔滨吗？

9. Hā'ěr Bīn zài Zhōngguó dōngběi bù rénkǒu yìqiānwàn
   哈尔滨在中国东北部，人口一千万。

10. Cóng Xīnxì dào Hā'ěr Bīn zuò fēijī yào liǎng gè bànxiǎoshí fēicháng jìn
    从新潟到哈尔滨，坐飞机，要两个半小时，非常近。

11. Xīnxì jīchǎng shì guójì jīchǎng yǒudào Zhōngguó Hánguó Éluósī de fēijī
    新潟机场是国际机场，有到中国、韩国、俄罗斯的飞机。

12. Xīnxì shì guójì chéngshì
    新潟是国际城市。

13. Nǐ shì guójì rén ma
    你是国际人吗？

14. Zhōngguórén bù zhīdào Xīnxì
    中国人不知道新潟。

15. Zhōngguórén zhīdào Rìběn de Dōngjīng Jīngdū Dàbǎn Běihǎidào Chōngshéng děngděng
    中国人知道日本的东京、京都、大阪、北海道、冲绳等等。

16. Xīnxì yǒu shénme
    新潟有什么？

17. Xīnxì shì Tiánzhōng Jiǎoróng xiānshēng de gùxiāng
    新潟是田中角荣先生的故乡。

18. Xīn xì de dà mǐ zài Rì běn zuì yǒumíng
新潟的大米在日本最有名。

19. Xīn xì de qīng jiǔ zài Rì běn zuì yǒumíng
新潟的清酒在日本最有名。

20. Zuǒ dù dǎo fēi cháng měi　Zuǒ dù dǎo yǒu zhū huán
佐渡岛非常美。佐渡岛有朱鹮。

21. Zuǒ dù dǎo de zhū huán shì cóng Zhōngguó lái de　Nǐ zhī dào ma
佐渡岛的朱鹮是从中国来的。你知道吗？

22. Yǐ qián　dà xióngmāo shì Rì běn hé Zhōngguó yǒuhǎo de xiàng zhēng
以前，大熊猫是日本和中国友好的象征。

23. Xiàn zài　zhū huán shì Xīn xì hé Zhōngguó yǒuhǎo de xiàng zhēng
现在，朱鹮是新潟和中国友好的象征。

24. Dà xióngmāo hé zhū huán shì mínjiān dà shǐ
大熊猫和朱鹮是民间大使！

25. Wǒ men shì mínjiān dà shǐ
我们是民间大使！

Zhōngwén de mì mì
★ 中文的秘密 ★

Dì yī　yí ge hàn zì yǒu yí ge fā yīn
第一，一个汉字有一个发音。(90%*)

lì　xué shēng　xiān sheng　shēng huó　chū shēng　shēng yá　shēng yú
例）学生，先生，生活，出生，生涯，生鱼

Dì èr　yí ge hàn zì yǒu yí ge yīn jié
第二，一个汉字有一个音节。(100%)

lì　Wǒ chī shēng yú
例）我吃生鱼。

Dì sān　wén fǎ fēi cháng jiǎndān
第三，文法非常简单。

lì　Hàn zì shì gōng jù
例）汉字是工具。

Hàn zì shì jiāo liú de gōng jù
汉字是交流的工具。

Hàn zì shì Rì běnrén hé Zhōngguórén jiāo liú de gōng jù
汉字是日本人和中国人交流的工具。

Hàn zì shì Rì běnrén hé Zhōngguórén zuì zhòngyào de jiāo liú gōng jù
汉字是日本人和中国人最重要的交流工具。

＊『現代漢語常用字表』（1988 年版）に収録されている常用漢字は 3,500 字。うち、多音字（異音同形字）は 625 字で、全体の 8.9％ を占めている。『新華字典』（1971 年版）に収録されている異音同形字は 734 字で、全体の 10％ を占めている。『現代漢語詞典』（2016 年版）に収録されている異音同形字は 1,000 字で、全体の 10％ 弱を占めている。

目录		目次	

凡例

热身	ウォーミングアップ	举一反三	文型練習　一を知り、十を知る
对话	会話文	替换词	置換語
课文	本文	练习	練習
生词	新出語	小栏目	コラム

中国語の楽学法

　本書では中国語を基礎から楽に、楽しく学習していきます。中国語の漢字は日本語と異なり、一つの漢字がもつ読み方は基本的に一つです。二つ以上の発音をもつ漢字は「多音字（異音同形字）」といい、少数派（常用漢字全体の約10％）となります。読み方と漢字を結び付けて覚えると、応用範囲が一気に広がります。発音を覚えるために、対話文や文章を読んだり、聴いたりしながら、中国語のリズムとメロディーを楽しみましょう。中国語を習得するツールとして、自分に合った使い方を見付けましょう。

対 话・课文

　日常の会話や手紙などを再現しています。まずは音声データを聴きながら発音しましょう。慣れるまでは発音記号「ピンイン」を（P.8「ピンイン一覧」参照）補助として利用しながら、発音の抑揚を楽しみましょう。

生 词

　対話文や文章に出てくる単語の意味を解説しています。日本で使われている漢字との相違点や類似点を楽しみましょう。

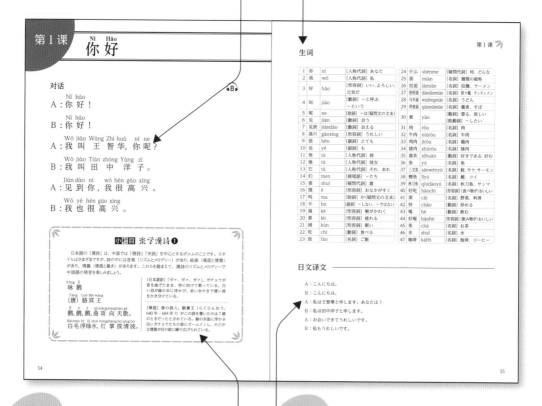

小 栏目

　コラムでは、楽学漢詩や楽学単語、語彙増強ゲームなどを体験できます。ここでも中国語の知見を広げていきましょう。

日 文译文

　日本語訳です。中国語に慣れてきたら、本文だけを見て訳してみたり、日本語訳だけを見て本文を書いてみたり、工夫して練習しましょう。

挙一反三 （一を知り、十を知る）

反復練習を行ってみましょう。替換詞の単語は、下線部の単語との置き換えが可能です。実際に置き換えて発音練習など行ってみましょう。

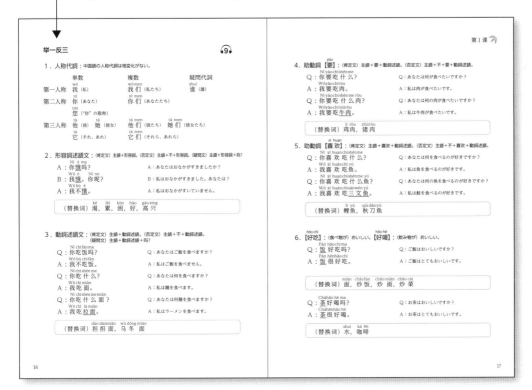

音声データの使い方

インターネットで「NNJ BOOKS」Webページにアクセスすると、音声データがダウンロードできます。何度も聴いたり発音したりして、中国語を身に付けていきましょう。

音声データについて ♪

Web ページにて本編に掲載されている音声番号 を選択すると音声が聴けます。

「NNJ BOOKS」Web ページ
PC ➡ http://www.nnj-book.jp/shopdetail/000000000822

スマホ・タブレット

RAKUGAKU CHUGOKUGO

楽学中国語

新潟青陵大学短期大学部 人間総合学科 准教授

孫 犁冰 著

Pīn Yīn 拼 音

中国語の発音記号は「拼音」（ピンイン）といい、「音を組み合わせる」という意味があり、「子音＋母音＋声調」または「母音＋声調」のような形になる。
※母音の前に子音が付かない場合、（　　）内のつづりになる。

1．声調：イントネーション［5種類］

第1声	第2声	第3声	第4声	軽声
→	↗	⌣	↘	
ā	á	ǎ	à	a

2．単母音［7種類］

a　o　e　i(yi)　u(wu)　ü(yu)　er

（练习）饿　渴　喝　鱼　二
　　　　è　kě　hē　yú　èr

3．二重母音［9種類］

ai ei ao ou
ia(ya) ie(ye) ua(wa) uo(wo) üe(yue)

（练习）非常　感谢　一月　大学
　　　　fēi cháng　gǎn xiè　yī yuè　dà xué

4．三重母音［4種類］

iao(yao)　iou(iu)(you)
uai(wai)　uei(ui)(wei)

（练习）不要　没有　外国　味道
　　　　bú yào　méi yǒu　wài guó　wèi dào

5．前鼻母音〔8種類〕

5

an	ian(yan)	uan(wan)	üan(yuan)
en	uen(wen)	in(yin)	ün(yun)

（練習）
zài jiàn 再见　*gōng yuán* 公园　*yīn yuè* 音乐　*yùndòng* 运动

6．後鼻母音〔8種類〕

6

ang	ong	eng	ing(ying)	iang(yang)
iong(yong)	uang(wang)	ueng(weng)		

（練習）
hěn máng 很忙　*Yīng wén* 英文　*liǎng diǎn* 两点　*lì yòng* 利用

7．子音〔21種類〕

7

※表のように子音に母音をつけて練習しましょう。

	無気音	有気音		
唇音 しんおん	b(o)	p(o)	m(o)	f(o)
舌尖音 ぜっせんおん	d(e)	t(e)	n(e)	l(e)
舌根音 ぜっこんおん	g(e)	k(e)	h(e)	
舌面音 ぜつめんおん	j(i)	q(i)	x(i)	
そり舌音 じたおん	zh(i)	ch(i)	sh(i)	r(i)
舌歯音 ぜっしおん	z(i)	c(i)	s(i)	

無気音：息を抑えて発音する。
有気音：力を入れずに息をパッと出して発音する。
※「y、j、q、x」の後のüは「¨」を取って「yu、ju、qu、xu」となる。

你好
Nǐ　Hǎo

对话

Nǐ hǎo
A：你好！

Nǐ hǎo
B：你好！

Wǒ jiào Wáng Zhì huá　nǐ ne
A：我 叫 王 智华，你呢？

Wǒ jiào Tián zhōng Yáng zǐ
B：我 叫 田 中 洋 子。

Jiàn dào nǐ　wǒ hěn gāo xìng
A：见 到 你，我 很 高 兴。

Wǒ yě hěn gāo xìng
B：我 也 很 高 兴。

小栏目 楽学漢詩 ❶

　日本語の「漢詩」は、中国では「唐詩」「宋詞」を中心とするポエムのことです。スタイルはさまざまですが、詩の中には音楽（リズムとメロディー）があり、絵画（場面と情景）があり、情趣（情感と趣き）があります。これらを踏まえて、漢詩のリズムとメロディーで中国語の発音を楽しみましょう。

Yǒng É
咏 鹅

Táng　Luò Bīn wáng
（唐）骆宾 王

É é é　qū xiàng xiàng tiān gē
鹅，鹅，鹅，曲 项 向 天 歌。
Báimáo fú lǜ shuǐ hóngzhǎng bō qīng bō
白毛 浮 绿水，红 掌 拨 清 波。

[日本語訳]「ガァ、ガァ、ガァ」、ガチョウが首を曲げたまま、空に向けて歌っている。白い羽が緑の水に浮かび、赤い水かきで清い波をかき分けている。

[解説] 唐の詩人、駱賓王（らくひんおう、640年 - 684年？）がこの詩を書いたのは7歳のときだったとされている。緑の水面に浮かぶ白いガチョウたちの姿にズームインし、のどかな情景が目の前に繰り広げられている。

生词

1	你	nǐ	〔人称代詞〕あなた
2	我	wǒ	〔人称代詞〕私
3	好	hǎo	〔形容詞〕いい.よろしい.元気だ
4	叫	jiào	〔動詞〕～と呼ぶ.～という
5	呢	ne	〔助詞〕～は(疑問文の文末)
6	见	jiàn	〔動詞〕会う
7	见到	jiàndào	〔動詞〕会える
8	高兴	gāoxìng	〔形容詞〕うれしい
9	很	hěn	〔副詞〕とても
10	也	yě	〔副詞〕も
11	他	tā	〔人称代詞〕彼
12	她	tā	〔人称代詞〕彼女
13	它	tā	〔人称代詞〕それ.あれ
14	们	men	〔接尾語〕～たち
15	谁	shuí	〔疑問代詞〕誰
16	饿	è	〔形容詞〕おなかがすく
17	吗	ma	〔助詞〕か(疑問文の文末)
18	不	bù	〔副詞〕～しない.～ではない
19	渴	kě	〔形容詞〕喉がかわく
20	累	lèi	〔形容詞〕疲れる
21	困	kùn	〔形容詞〕眠い
22	吃	chī	〔動詞〕食べる
23	饭	fàn	〔名詞〕ご飯

24	什么	shénme	〔疑問代詞〕何.どんな
25	面	miàn	〔名詞〕麺類の総称
26	拉面	lāmiàn	〔名詞〕拉麺.ラーメン
27	担担面	dàndànmiàn	〔名詞〕担々麺.タンタンメン
28	乌冬面	wūdōngmiàn	〔名詞〕うどん
29	荞麦面	qiáomàimiàn	〔名詞〕蕎麦.そば
30	要	yào	〔動詞〕要る.欲しい 〔助動詞〕～したい
31	肉	ròu	〔名詞〕肉
32	牛肉	niúròu	〔名詞〕牛肉
33	鸡肉	jīròu	〔名詞〕鶏肉
34	猪肉	zhūròu	〔名詞〕豚肉
35	喜欢	xǐhuān	〔動詞〕好きである.好む
36	鱼	yú	〔名詞〕魚
37	三文鱼	sānwényú	〔名詞〕鮭.サケ.サーモン
38	鲤鱼	lǐyú	〔名詞〕鯉.コイ
39	秋刀鱼	qiūdāoyú	〔名詞〕秋刀魚.サンマ
40	好吃	hǎochī	〔形容詞〕(食べ物が)おいしい
41	菜	cài	〔名詞〕野菜.料理
42	炒	chǎo	〔動詞〕炒める
43	喝	hē	〔動詞〕飲む
44	好喝	hǎohē	〔形容詞〕(飲み物が)おいしい
45	茶	chá	〔名詞〕お茶
46	水	shuǐ	〔名詞〕水
47	咖啡	kāfēi	〔名詞〕珈琲.コーヒー

日文译文

Ａ：こんにちは。

Ｂ：こんにちは。

Ａ：私は王智華と申します。あなたは？

Ｂ：私は田中洋子と申します。

Ａ：お会いできてうれしいです。

Ｂ：私もうれしいです。

举一反三

1. 人称代詞：中国語の人称代詞は格変化がない。

	単数	複数	疑問代詞
第一人称	我 (私) wǒ	我 们 (私たち) wǒmen	谁 (誰) shuí
第二人称	你 (あなた) nǐ	你 们 (あなたたち) nǐ men	
	您 ("你"の敬称) nín		
第三人称	他 (彼) tā　她 (彼女) tā	他 们 (彼たち) tā men　她 们 (彼女たち) tā men	
	它 (それ、あれ) tā	它 们 (それら、あれら) tā men	

2. 形容詞述語文：(肯定文) 主語＋形容詞。(否定文) 主語＋不＋形容詞。(疑問文) 主語＋形容詞＋吗?

A：你饿吗? Nǐ è ma
A：あなたはおなかがすきましたか？

B：我饿。你呢? Wǒ è　Nǐ ne
B：私はおなかがすきました。あなたは？

A：我不饿。 Wǒ bù è
A：私はおなかがすいていません。

> （替换词）渴，累，困，好，高兴
> kě lèi kùn hǎo gāoxìng

3. 動詞述語文：(肯定文) 主語＋動詞述語。(否定文) 主語＋不＋動詞述語。
(疑問文) 主語＋動詞述語＋吗?

Q：你吃饭吗? Nǐ chī fàn ma
Q：あなたはご飯を食べますか？

A：我不吃饭。 Wǒ bù chī fàn
A：私はご飯を食べません。

Q：你吃什么? Nǐ chī shén me
Q：あなたは何を食べますか？

A：我吃面。 Wǒ chī miàn
A：私は麺を食べます。

Q：你吃什么面? Nǐ chī shén me miàn
Q：あなたは何麺を食べますか？

A：我吃拉面。 Wǒ chī lā miàn
A：私はラーメンを食べます。

> （替换词）担担面，乌冬面
> dàn dàn miàn　wū dōng miàn

4. 助動詞【要】yào：(肯定文) 主語＋要＋動詞述語。(否定文) 主語＋不＋要＋動詞述語。

    Q：你要吃什么？ Nǐ yào chī shén me   Q：あなたは何が食べたいですか？

    A：我要吃肉。 Wǒ yào chī ròu   A：私は肉が食べたいです。

    Q：你要吃什么肉？ Nǐ yào chī shén me ròu   Q：あなたは何の肉が食べたいですか？

    A：我要吃牛肉。 Wǒ yào chī niú ròu   A：私は牛肉が食べたいです。

> （替換词）鸡肉，猪肉 jī ròu　zhū ròu

5. 助動詞【喜欢】xǐ huan：(肯定文) 主語＋喜欢＋動詞述語。(否定文) 主語＋不＋喜欢＋動詞述語。

    Q：你喜欢吃什么？ Nǐ xǐ huan chī shén me   Q：あなたは何を食べるのが好きですか？

    A：我喜欢吃鱼。 Wǒ xǐ huān chī yú   A：私は魚を食べるのが好きです。

    Q：你喜欢吃什么鱼？ Nǐ xǐ huan chī shén me yú Q：あなたは何の魚を食べるのが好きですか？

    A：我喜欢吃三文鱼。 Wǒ xǐ huān chī sān wén yú A：私は鮭を食べるのが好きです。

> （替換词）鲤鱼，秋刀鱼 lǐ yú　qiū dāo yú

6. 【好吃】hǎo chī：(食べ物が) おいしい。【好喝】hǎo hē：(飲み物が) おいしい。

    Q：饭好吃吗？ Fàn hǎo chī ma   Q：ご飯はおいしいですか？

    A：饭很好吃。 Fàn hěn hǎo chī   A：ご飯はとてもおいしいです。

> （替換词）面，炒饭，炒面，炒菜 miàn　chǎo fàn　chǎo miàn　chǎo cài

    Q：茶好喝吗？ Chá hǎo hē ma   Q：お茶はおいしいですか？

    A：茶很好喝。 Chá hěn hǎo hē   A：お茶はとてもおいしいです。

> （替換词）水，咖啡 shuǐ　kā fēi

第2课　谢 谢

对话

🎧10

Tián zhōng xiǎo jiě　nǐ hǎo ma
A：田 中 小 姐, 你 好 吗？

Wǒ hěn hǎo　Xiè xie　Wáng xiān sheng ne
B：我 很 好, 谢 谢。 王 先 生 呢？

Wǒ yě hěn hǎo　Nǐ shì xué shēng ma
A：我 也 很 好。你 是 学 生 吗？

Bù　wǒ bú shì xué shēng Wǒ shì gōng sī zhí yuán nǐ ne
B：不, 我 不 是 学 生。我 是 公 司 职 员, 你 呢？

Wǒ shì dà xué shēng
A：我 是 大 学 生。

小栏目 楽学漢詩❷

　　中国の子供は、言葉を話せるようになってから、唐詩を暗唱させられるのは一般的です。詩句の意味を理解しなくても、リズムに乗って何回か声に出して読めば、不思議と頭に残ってしまいます。小さい頃から覚えている詩句は、ミーム（文化のDNA）になっていくと言われています。
　　皆さんも漢詩のリズムとメロディーで中国語の発音を楽しみましょう。

Mǐn Nóng
悯 农

Táng　Lǐ Shēn
（唐）李 绅

Chú hé rì dāng wǔ　hàn dī hé xià tǔ
锄 禾 日 当 午, 汗 滴 禾 下 土。

Shuí zhī pán zhōng cān　lì lì jiē xīn kǔ
谁 知 盘 中 餐, 粒 粒 皆 辛 苦。

〔日本語訳〕鋤（すき）で畑仕事しているうちに、真昼の日差しが照りつける。汗がイネの下の土に滴り落ちる。食事の一粒一粒はみな辛苦なることを誰が知っているだろう。

〔解説〕唐の詩人、李紳（りしん、772年 - 846年）の作品。表題の意味は「農家をあわれむ」。前半の10文字で、汗だくになって働く農家の姿にスポットライトを当てている。後半の10文字で、食べ物をお粗末にしてはいけない、と説いている。

生词

1	小姐	xiǎojiě	〔名詞〕～さん（女性に対する敬称）
2	先生	xiānsheng	〔名詞〕～さん（男性に対する敬称）
3	谢谢	xièxie	〔動詞〕～に感謝する 〔挨拶〕ありがとう
4	是	shì	〔動詞〕～は～である
5	学生	xuéshēng	〔名詞〕学生
6	公司	gōngsī	〔名詞〕会社
7	职员	zhíyuán	〔名詞〕職員
8	大学生	dàxuéshēng	〔名詞〕大学生
9	高中生	gāozhōngshēng	〔名詞〕高校生
10	日本	Rìběn	〔名詞〕日本
11	中国	Zhōngguó	〔名詞〕中国
12	人	rén	〔名詞〕人
13	非常	fēicháng	〔副詞〕非常に
14	感谢	gǎnxiè	〔動詞〕感謝する
15	关心	guānxīn	〔動詞〕気にかける．関心を持つ
16	客气	kèqi	〔動詞〕遠慮する
17	礼物	lǐwù	〔名詞〕プレゼント
18	帮助	bāngzhù	〔動詞〕助ける．手伝う
19	好意	hǎoyì	〔名詞〕好意
20	哪里	nǎli	〔疑問代詞〕どこ
21	在	zài	〔動詞〕いる．ある
22	在	zài	〔副詞〕「在＋動詞」～している（進行形を表す）
23	在	zài	〔介詞〕「在＋場所」～で．～に
24	干	gàn	〔動詞〕する．やる
25	工作	gōngzuò	〔名詞〕仕事 〔動詞〕働く
26	学	xué	〔動詞〕学ぶ．習う
27	中国话	Zhōngguóhuà	〔名詞〕中国語
28	朋友	péngyou	〔名詞〕友人．友達
29	店	diàn	〔名詞〕店
30	寿司	shòusī	〔名詞〕寿司．すし
31	图书馆	túshūguǎn	〔名詞〕図書館
32	好学	hǎoxué	〔形容詞〕学びやすい
33	外国	wàiguó	〔名詞〕外国
34	意大利	Yìdàlì	〔名詞〕イタリア

日文译文

A：田中さん、お元気ですか？

B：とても元気です。ありがとうございます。王さんは？

A：私も元気です。あなたは学生ですか？

B：いいえ、私は学生ではありません。会社員です。あなたは？

A：私は大学生です。

举一反三

1．^{shì}【是】：〔動詞〕～は～である。（肯定文）主語＋是＋目的語。（否定文）主語＋不＋是＋目的語。

Nǐ shì xuéshēngma
A：你是<u>学生</u>吗？　　　　　　　　　A：あなたは学生ですか？

Wǒ shì xuéshēng　Nǐ ne
B：我是<u>学生</u>。你呢？　　　　　　　　B：私は学生です。あなたは？

Wǒ bú shì xuéshēng　Wǒ shì gōng sī zhí yuán
A：我不是<u>学生</u>。我是<u>公司职员</u>。　A：私は学生ではありません。
　　　　　　　　　　　　　　　　　　　　　　私は会社員です。

> dà xuéshēng　gāozhōng shēng　Rì běnrén　Zhōngguórén
> （替换词）大学生／高中生，日本人／中国人

2．御礼の言い方

Xiè xie
Q：<u>谢谢</u>。　　　　　　　　　　　　　Q：ありがとうございます。

Bú xiè
A：<u>不谢</u>。　　　　　　　　　　　　　A：どういたしまして。

> xiè xie nǐ　xiè xie nín　fēi cháng gǎn xiè nín
> （替换词）谢谢你，谢谢您，非常感谢您

Xiè xie nǐ de guān xīn
Q：谢谢你的<u>关心</u>。　　　　　　　　Q：お気遣いありがとうございます。

Bú kè qi
A：不客气。　　　　　　　　　　　　　A：どういたしまして。

> lǐ wù　hǎo yì　bāng zhù
> （替换词）礼物，好意，帮助

3．^{zài}【在】：①〔動詞〕いる。ある。②〔副詞〕「在＋動詞」～している（進行形を表す）。
　　　③〔介詞〕「在＋場所」～で、～に。

Wáng xiānsheng zài ma
Q：<u>王先生</u>在吗？　　　　　　　　　Q：王さんはいますか？

Tā bú zài
A：他不在。　　　　　　　　　　　　　A：彼は不在です。

Tā zài nǎ li
Q：他在哪里？　　　　　　　　　　　　Q：彼はどこにいますか？

Tā zài dà xué
A：他在<u>大学</u>。　　　　　　　　　　　A：彼は大学にいます。

> fàn diàn　lā miàn diàn　kā fēi diàn　shòu sī diàn
> （替换词）饭店，拉面店，咖啡店，寿司店

Nǐ zài gànshénme
Q：你在干什么？　　　　Q：あなたは何をしていますか？

Wǒ zài gōngzuò
A：我在工作。　　　　　A：私は仕事をしています。

（替换词）吃饭，喝咖啡，学中国话
chīfàn　hē kāfēi　xué Zhōngguóhuà

Tā zài dàxué gànshénme
Q：他在大学干什么？　　Q：彼は大学で何をしていますか？

Tā zài dàxué gōngzuò
A：他在大学工作。　　　A：彼は大学で働いています。

（替换词）饭店吃饭，拉面店吃拉面，寿司店吃寿司，咖啡店喝咖啡
fàndiàn chīfàn　lāmiàndiàn chī lāmiàn　shòusī diàn chī shòusī　kāfēidiàn hē kāfēi

Shuí zài dàxué gōngzuò
Q：谁在大学工作？　　　Q：誰が大学で働いていますか？

Tā zài dàxué gōngzuò
A：他在大学工作。　　　A：彼は大学で働いています。

（替换词）我们，他们，我朋友
wǒmen　tāmen　wǒ péngyou

Tā zài nǎli gōngzuò
Q：他在哪里工作？　　　Q：彼はどこで働いていますか？

Tā zài dàxué gōngzuò
A：他在大学工作。　　　A：彼は大学で働いています。

（替换词）公司，饭店，寿司店，图书馆
gōngsī　fàndiàn　shòusī diàn　túshūguǎn

hǎoxué　　　　　　xǐhuanxué
4．【好学】：学びやすい。【喜欢学】：学ぶことが好きである。

Nǐ xué shénme wàiguóhuà
Q：你学什么外国话？　　Q：あなたは何の外国語を習っていますか？

Wǒ xué Zhōngguóhuà
A：我学中国话。　　　　A：私は中国語を習っています。

Nǐ xǐhuan xué Zhōngguóhuà ma
Q：你喜欢学中国话吗？　Q：あなたは中国語を習うことが好きですか？

Wǒ fēicháng xǐhuan xué Zhōngguóhuà
A：我非常喜欢学中国话。A：私は中国語を習うことが大好きです。

Zhōngguóhuà hǎoxué ma
Q：中国话好学吗？　　　Q：中国語は学びやすいですか？

Zhōngguóhuà fēicháng hǎoxué
A：中国话非常好学。　　A：中国語は非常に学びやすいです。

（替换词）日本话，意大利话
Rìběnhuà　Yìdàlìhuà

第3课　买地图

Mǎi Dì Tú

对话　🎧12

Wǒ yào mǎi dì tú
A：我要买地图。

Nín yào mǎi shén me dì tú
B：您要买什么地图？

Wǒ yào Shàng hǎi lǚ yóu dì tú yǒu Rì wén de ma
A：我要上海旅游地图，有日文的吗？

Méi yǒu Yǒu Zhōng wén de hé Yīng wén de
B：没有。有中文的和英文的。

Qǐng gěi wǒ Zhōng wén de Duō shǎo qián
A：请给我中文的。多少钱？

Sān shí wǔ kuài
B：三十五块。

Gěi nín sì shí kuài
A：给您四十块。

Zhǎo nín wǔ kuài Gěi nín dì tú Xiè xie
B：找您五块。给您地图。谢谢。

Zài jiàn
A：再见。

生词

1	有	yǒu	〔動詞〕ある
2	买	mǎi	〔動詞〕買う
3	地图	dìtú	〔名詞〕地図
4	旅游	lǚyóu	〔名詞〕旅行. 観光
			〔動詞〕旅行する
5	日文	Rìwén	〔名詞〕日本語
6	中文	Zhōngwén	〔名詞〕中国語
7	英文	Yīngwén	〔名詞〕英語
8	请	qǐng	〔敬語〕どうぞ
			(～してください)
9	给	gěi	〔動詞〕あげる.くれる.与える
10	钱	qián	〔名詞〕お金
11	多少钱	duōshǎoqián	〔疑問代詞〕いくら
12	块	kuài	〔名詞〕元(人民元の単位)
13	找	zhǎo	〔動詞〕探す.訪ねる.つり銭を出す
14	再	zài	〔副詞〕再び. もう一度

15	笔	bǐ	〔名詞〕ペン類. 筆記具
16	字典	zìdiǎn	〔名詞〕辞書
17	书	shū	〔名詞〕本
18	报	bào	〔名詞〕新聞
19	杂志	zázhì	〔名詞〕雑誌
20	世界	shìjiè	〔名詞〕世界
21	个	gè	〔量詞〕個
22	两	liǎng	〔数詞〕二つ. 2
			(後に量詞を伴う)
23	法文	Fǎwén	〔名詞〕フランス語
24	德文	Déwén	〔名詞〕ドイツ語
25	来	lái	〔動詞〕来る.持ってくる.よこす
26	去	qù	〔動詞〕行く
27	看	kàn	〔動詞〕見る. 読む
28	卖	mài	〔動詞〕売る

数字

líng	yī	èr	sān	sì	wǔ	liù	qī	bā	jiǔ	shí	bǎi	qiān	wàn	yì
零	一	二	三	四	五	六	七	八	九	十	百	千	万	亿

(意味：億)

日文译文

A：私は地図を買いたいです。

B：どんな地図でしょうか？

A：私は上海観光地図がほしいです。日本語のものはありますか？

B：ありません。中国語のものと英語のものがあります。

A：中国語のものをください。いくらですか？

B：35 元です。

A：40 元をどうぞ。

B：5 元のお釣りです。地図をどうぞ。ありがとうございました。

A：さようなら。

举一反三

1. 【有】^{yǒu}：〔動詞〕ある。（肯定文）主語＋有＋目的語。（否定文）主語＋没有＋目的語。

  A：你有钱吗？ _{Nǐ yǒuqiánma}   A：あなたはお金がありますか？

  B：我有钱。你呢？ _{Wǒyǒuqián Nǐ ne}   B：私はお金があります。あなたは？

  A：我没有钱。 _{Wǒméiyǒuqián}   A：私はお金がありません。

> （替换词）笔，地图，字典 _{bǐ dì tú zì diǎn}

2. 【买】^{mǎi}：〔動詞〕買う。【要买】^{yàomǎi}：買いたい。

  Q：您要买什么？ _{Nínyàomǎishénme}   Q：お客さまは何を買いたいですか？

  A：我要买地图。 _{Wǒyàomǎi dì tú}   A：私は地図を買いたいです。

> （替换词）书，报，杂志，字典 _{shū bào zá zhì zì diǎn}

  Q：您要买什么地图？ _{Nínyàomǎishénme dì tú} Q：お客さまは何の地図を買いたいですか？

  A：我要买上海旅游地图。 _{WǒyàomǎiShànghǎi lǚ yóu dì tú} A：私は上海旅行地図を買いたいです。

> （替换词）中国，日本，世界 _{Zhōng guó Rì běn shì jiè}

3. 【多少？】^{duōshǎo}：〔疑問代詞〕いくら？どれほど？

  Q：多少钱？ _{Duōshǎoqián}   Q：いくらですか？

  A：三十块。 _{Sān shí kuài}   A：30元です。

  Q：多少个？ _{Duōshǎo gè}   Q：何個ですか？

  A：三十个。 _{Sān shí gè}   A：30個です。

  Q：多少人？ _{Duōshǎorén}   Q：何人ですか？

  A：三十人。 _{Sān shí rén}   A：30人です。

> （替换词）一百，两千，三万 _{yì bǎi liǎng qiān sān wàn}

4.【请给我～】qǐng gěi wǒ：私に～をください。

    Q：您要什么？ Nín yào shén me

    A：请给我地图。 Qǐng gěi wǒ dì tú

    Q：お客さまは何が欲しいですか？

    A：地図をください。

（替换词）书 shū，报 bào，杂志 zá zhì，字典 zì diǎn

    Q：您要中文的地图吗？ Nín yào Zhōng wén de dì tú ma

    A：请给我中文的地图。 Qǐng gěi wǒ Zhōng wén de dì tú

    Q：お客さまは中国語の地図が欲しいですか？

    A：中国語の地図をください。

（替换词）日文 Rì wén，英文 Yīng wén，法文 Fǎ wén，德文 Dé wén

5.【找钱】zhǎo qián：おつりを出す。

    Q：请找给我钱。 Qǐng zhǎo gěi wǒ qián

    A：我找给您两块。 Wǒ zhǎo gěi nín liǎng kuài

    Q：お釣りをください。

    A：2元のお釣りです。

（替换词）十九 shí jiǔ，二十六 èr shí liù

6.【再】zài：〔副詞〕再び、もう一度。

    再见。 Zài jiàn

    また会う。（またお会いしましょう。）

（替换词）来 lái，去 qù，看 kàn，买 mǎi，卖 mài

再见！

Jiāo Liú
交流

对话　　　　　　　　　　　　　　　　🎧14

Nǐ shì nǎ guó rén
A：你 是 哪 国 人？

Wǒ shì Rì běn rén
B：我 是 日 本 人。

Nǐ de Zhōng wén shuō de hěn hǎo
A：你 的 中 文 说 得 很 好。

Nǎ li　wǒ zhǐ huì yì diǎn r
B：哪 里, 我 只 会 一 点 儿。

Wǒ shuō de Zhōng wén nǐ míng bai ma
A：我 说 的 中 文 你 明 白 吗？

Shénme　Qǐng màn màn shuō
B：什 么？ 请 慢 慢 说。

Wǒ de Zhōng wén nǐ dǒng ma
A：我 的 中 文 你 懂 吗？

Qǐng zài shuō yí biàn
B：请 再 说 一 遍。

Nǐ míng bai ma
A：你 明 白 吗？

Duì bu qǐ　wǒ tīng bù míng bai Qǐng xiě xià lái
B：对 不 起, 我 听 不 明 白。请 写 下 来。

生词

1	哪国	nǎguó	〔疑問代詞〕どの国
2	说	shuō	〔動詞〕言う．話す
3	得	de	〔助詞〕動詞の後に置き，補語を導く
4	哪里	nǎli	〔常套語〕とんでもない
5	只	zhǐ	〔副詞〕だけ
6	会	huì	〔動詞〕できる 〔助動詞〕～することができる
7	一点儿	yìdiǎnr	〔数量詞〕少し （不定の数量を表す）
8	明白	míngbai	〔動詞〕分かる
9	懂	dǒng	〔動詞〕分かる
10	慢慢	mànmàn	〔副詞〕ゆっくりと
11	遍	biàn	〔量詞〕回．へん （動作の回数を表す）
12	对不起	duìbuqǐ	〔常套語〕すみません．申しわけない
13	听	tīng	〔動詞〕聞く
14	写	xiě	〔動詞〕書く
15	下来	xiàlái	〔複合方向補語〕～しておく
16	游泳	yóuyǒng	〔動詞〕泳ぐ
17	开车	kāichē	〔動詞〕車を運転する
18	发音	fāyīn	〔名詞〕発音 〔動詞〕発音する
19	日元	Rìyuán	〔名詞〕（日本の）円．日本円
20	杯	bēi	〔名詞〕コップ．杯 〔量詞〕液体の量を数える
21	碗	wǎn	〔名詞〕わん〔量詞〕わんに入ったものに用いる
22	听力	tīnglì	〔名詞〕聴力．（外国語の）聞き取り能力
23	字	zì	〔名詞〕字
24	读	dú	〔動詞〕読む
25	想	xiǎng	〔動詞〕考える．思う
26	问	wèn	〔動詞〕問う．質問する．尋ねる
27	说明	shuōmíng	〔名詞〕説明 〔動詞〕説明する
28	记	jì	〔動詞〕書く．覚える
29	记录	jìlù	〔名詞〕記録 〔動詞〕記録する
30	话	huà	〔名詞〕話
31	意思	yìsi	〔名詞〕意味

日文译文

A：あなたはどの国の方ですか？

B：私は日本人です。

A：あなたの中国語は上手ですね。

B：とんでもないです。私は少しだけできます。

A：私が言っている中国語はお分かりですか？

B：何ですか？ゆっくり話してください。

A：私の中国語は分かりますか？

B：もう一度話してください。

A：分かりますか？

B：すみません。分かりません。書いてください。

举一反三

1. 【会】：〔動詞〕できる。〔助動詞〕～することができる。

    Nǐ huì Zhōngwén ma
    Q：你会 中 文 吗？   Q：あなたは中国語ができますか？

    Wǒ huì Zhōngwén
    A：我会 中 文。   A：私は中国語ができます。

    Nǐ huì shuō Zhōngwén ma
    Q：你会 说 中 文 吗？   Q：あなたは中国語を話すことができますか？

    Wǒ huì shuō Zhōngwén
    A：我会 说 中 文。   A：私は中国語を話すことができます。

>   Rìwén   Yīng wén
> （替换词）日文，英 文

    Nǐ huì yóuyǒng ma
    Q：你会游 泳 吗？   Q：あなたは泳ぐことができますか？

    Wǒ bú huì yóu yǒng
    A：我不会 游 泳。   A：私は泳ぐことができません。

>   kāi chē   fā yīn
> （替换词）开车，发音

2. 【只】：〔副詞〕だけ。

    Wǒ zhǐ huì Rìwén
    我只会日文。   私は日本語だけできます。

    Wǒ zhǐ huì shuō Rì wén
    我只会 说 日文。   私は日本語だけを話すことができます。

>   Zhōng wén   Yīng wén   Fǎ wén   Dé wén
> （替换词）中 文，英 文，法 文，德 文

    Wǒ zhǐ yǒu yí gè péngyou
    我只有一个 朋 友。   私には友達が一人だけいます。

>   yì qiān Rì yuán   yì bēi shuǐ   yì wǎn miàn
> （替换词）一 千 日 元，一杯 水，一 碗 面

3. 【不太好】：あまりよくない。

    Nǐ de fā yīn hěn hǎo
    Q：你的发音很好。   Q：あなたの発音はとても上手です。

    Nǎ li nǎ li   wǒ de fā yīn bú tài hǎo
    A：哪里哪里，我的发音不太好。   A：とんでもないです。私の発音はあまり上手
                           ではありません。

>   tīng lì   zì   Zhōng wén
> （替换词）听力，字，中 文

4.【说得好】：話すことが上手である。

Q：*Nǐ de Zhōngwénshuō de hěn hǎo*
你的 中 文 说 得 很 好。

A：*Nǎ li nǎ li   wǒ de Zhōng wén*
哪里哪里，我的 中 文
shuō de bù hǎo
说 得 不 好。

Q：あなたは中国語を話すのがとても上手です。

A：とんでもないです。私は中国語を話すのが
　上手ではありません。

（替换词）*dú   xiě*
读，写

5.【请】：〔敬語〕どうぞ。（～してください）

Qǐng shuō
请 说。

話してください。

Qǐngmànmàn shuō
请 慢 慢 说。

ゆっくり話してください。

Qǐngshuō yí biàn
请 说 一 遍。

一度、話してください。

Qǐngzài shuō yí biàn
请 再 说 一 遍。

もう一度、話してください。

（替换词）*tīng   dú   kàn   xiě   xiǎng   wèn   shuōmíng   fā yīn*
听，读，看，写，想，问，说 明，发 音

6.【～下来】：〔複合方向補語〕～しておく。

Qǐngxiě xià lái
请 写下来。

書いてください。

（替换词）*jì   jì lù*
记，记录

7.【不明白】：分からない。理解していない。

Nǐ de huàwǒ bù míngbai
你的话我不 明 白。

あなたの言っていることが私は分かりません。

（替换词）*zì   yì si   shuōmíng*
字，意思，说 明

Duì bu qǐ   wǒ tīng bù míngbai
对不起，我听不 明 白。

すみません、私は聞いても分かりません。

（替换词）*kàn   dú   shuō   xiě   xué   xiǎng*
看，读，说，写，学，想

Zhù Nǐ Shēng Rì Kuài Lè
祝 你 生 日 快 乐 !

对话 🎧16

Jīn tiān shì jǐ yuè jǐ hào
A：今 天 是 几 月 几 号 ？

Qī yuè shí qī hào　Jīn tiān shì wǒ de shēng rì
B：七 月 十 七 号。今 天 是 我 的 生 日。

Zhēn de ma　Nǐ shì nǎ nián chū shēng de
A：真 的 吗? 你 是 哪 年 出 生 的 ？

Wǒ shì èr líng líng sì nián chū shēng de　Jīn nián shí qī suì
B：我 是 二 零 零 四 年 出 生 的。今 年 十 七 岁。

Zhù nǐ shēng rì kuài lè　Míng tiān shì xīng qī tiān wǒ xiū xi
A：祝 你 生 日 快 乐 ! 明 天 是 星 期 天, 我 休 息,
yì qǐ chī fàn　hǎo ma
一 起 吃 饭, 好 吗 ？

Tài hǎo le　Wǒ míng tiān xià wǔ yǒu shí jiān
B：太 好 了 ! 我 明 天 下 午 有 时 间。

Xià wǔ jǐ diǎn
A：下 午 几 点 ？

Xià wǔ liǎng diǎn bàn hǎo ma
B：下 午 两 点 半, 好 吗 ？

Hǎo liǎng diǎn bàn zài fàn diàn jiàn
A：好, 两 点 半, 在 饭 店 见。

Bú jiàn bú sàn
B：不 见 不 散。

生词

1	祝	zhù	〔動詞〕祝う．祈る
2	快乐	kuàilè	〔形容詞〕愉快である．楽しい
3	生日	shēngrì	〔名詞〕誕生日
4	今天	jīntiān	〔名詞〕今日
5	几	jǐ	〔疑問代詞〕いくつ．いくら
6	月	yuè	〔名詞〕月
7	号	hào	〔名詞〕日
8	的	de	〔助詞〕名詞の修飾語の印
9	真的	zhēnde	〔副詞〕本当に．確かに
10	哪年	nǎ nián	〔疑問代詞〕何年
11	出生	chūshēng	〔動詞〕生まれる
12	今年	jīnnián	〔名詞〕今年
13	岁	suì	〔量詞〕歳（年齢を数える）
14	明天	míngtiān	〔名詞〕明日
15	星期六	xīngqīliù	〔名詞〕土曜日
16	休息	xiūxi	〔名詞〕休み 〔動詞〕休む
17	一起	yìqǐ	〔副詞〕一緒に
18	太~了	tài~le	〔副詞〕あまりにも~すぎる．すごく

19	下午	xiàwǔ	〔名詞〕午後
20	时间	shíjiān	〔名詞〕時間
21	点	diǎn	〔名詞〕~時（時間の単位）
22	半	bàn	〔名詞〕半．30分
23	多大了	duōdàle	〔疑問代詞〕おいくつですか
24	新年	xīnnián	〔名詞〕新年．お正月
25	春节	chūnjié	〔名詞〕春節．旧正月
26	圣诞节	shèngdànjié	〔名詞〕クリスマス
27	周末	zhōumò	〔名詞〕週末
28	后天	hòutiān	〔名詞〕あさって
29	昨天	zuótiān	〔名詞〕昨日
30	前天	qiántiān	〔名詞〕おととい
31	过	guò	〔動詞〕過ごす．祝う
32	家人	jiārén	〔名詞〕家族
33	蛋糕	dàngāo	〔名詞〕ケーキ
34	晚上	wǎnshàng	〔名詞〕晩．夜
35	上午	shàngwǔ	〔名詞〕午前
36	中午	zhōngwǔ	〔名詞〕昼
37	什么时候	shénmeshíhou	〔疑問代詞〕いつ

日文译文

A：今日は何月何日ですか？

B：7月17日です。今日は私の誕生日です。

A：本当ですか？あなたは何年生まれですか？

B：私は2004年生まれで、今年は17歳です。

A：お誕生日おめでとうございます。明日は土曜日で、私は休みです。
　　一緒にお食事でもどうですか？

B：いいですね。明日の午後は時間があります。

A：午後何時にしましょうか？

B：2時半はいかがですか？

A：いいですよ。2時半にレストランで会いましょう。

B：待っています。

举一反三　🎧17

1．【几?】：〔疑問代詞〕いくつ？いくら？

Q：今天是几月几号? Jīn tiān shì jǐ yuè jǐ hào　　　Q：今日は何月何日ですか？

A：今天是七月十七号。 Jīn tiān shì qī yuè shí qī hào　　A：今日は 7 月 17 日です。

（替换词）九月二十九号 jiǔ yuè èr shí jiǔ hào

Q：明天是星期几? Míng tiān shì xīng qī jǐ　　　Q：明日は何曜日ですか？

A：明天是星期二。 Míng tiān shì xīng qī èr　　　A：明日は火曜日です。

（替换词）三，四，五，六，天（日） sān sì wǔ liù tiān rì

Q：现在几点? Xiàn zài jǐ diǎn　　　Q：今は何時ですか？

A：现在两点三十分。 Xiàn zài liǎng diǎn sān shí fēn　　A：今は 2 時 30 分です。

（替换词）两点半，十点四十五分 liǎng diǎn bàn shí diǎn sì shí wǔ fēn

2．【是～的】構文：～したのだ。主語＋是＋時間名詞＋動詞述語＋的。すでに実現済みの
　　　　　　　　　動作の時間・場所・方式・主体を強調する。

Q：你是哪年出生的? Nǐ shì nǎ nián chūshēng de　　Q：あなたは何年生まれですか？

A：我是二零零四年出生的。 Wǒ shì èr líng líng sì nián chūshēng de　A：私は 2004 年生まれです。

（替换词）一九九九，一九八八 yī jiǔ jiǔ jiǔ yī jiǔ bā bā

3．【多大了?】：〔疑問代詞〕おいくつですか？

Q：你多大了? Nǐ duō dà le　　　Q：おいくつですか？

A：我今年十七岁。 Wǒ jīn nián shí qī suì　　A：私は今年 17 歳です。

（替换词）二十，三十五 èr shí sān shí wǔ

4.　【祝】^{zhù}：〔動詞〕祝う、祈る。

^{Zhù nǐ shēng rì kuài lè}
祝你 生 日快乐!　　　　　　　　　お誕生日、おめでとうございます。

（替换词）新 年, 春 节, 圣 诞节, 周 末
^{xīn nián　chūn jié　shèng dàn jié　zhōu mò}

5.　【过】^{guò}：(時間を) 過ごす、暮らす、祝う。

^{Jīn tiān wǒ guò shēng rì}
今天我过 生 日。　　　　　　　　今日は私の誕生日です。

（替换词）明 天, 后 天, 昨天, 前 天
^{míng tiān　hòu tiān　zuó tiān　qián tiān}

^{Jiā rén gěi wǒ guò shēng rì}
家人给我过 生 日。　　　　　　　家族は私の誕生日を祝ってくれます。

（替换词）朋友, 田 中 小 姐, 王 先 生
^{péngyou　Tián zhōng xiǎo jiě　Wáng xiān sheng}

^{Wǒ hé jiā rén guò xīn nián}
我和家人过新年。　　　　　　　　私は家族とお正月を過ごします。

（替换词）春 节, 圣 诞节, 周 末
^{chūn jié　shèng dàn jié　zhōu mò}

6.　【一起】^{yì qǐ}：〔副詞〕一緒に。

^{Wǒmen yì qǐ chī fàn}
我 们 一起吃饭。　　　　　　　　　私たちは一緒にご飯を食べます。

（替换词）吃蛋糕, 喝咖啡, 过 生 日, 过 新 年
^{chī dàn gāo　hē kā fēi　guò shēng rì　guò xīn nián}

^{Wǒmen jīn tiān wǎnshang yì qǐ chī fàn}
我 们 今天 晚 上 一起吃饭。　　　私たちは今晩一緒にご飯を食べます。

（替换词）明 天 上 午, 后 天 中 午, 周 末
^{míng tiān shàng wǔ　hòu tiān zhōng wǔ　zhōu mò}

7.　【什么时候?】^{shén me shí hou}：〔疑問代詞〕いつ?

^{Nǐ shén me shí hou yǒu shí jiān}
Q：你 什 么 时候 有 时间?　　　　Q：あなたはいつ時間がありますか?

^{Wǒ míng tiān yǒu shí jiān}
A：我 明 天 有 时间。　　　　　　A：私は明日時間があります。

（替换词）来公 司, 去旅游, 学开车
^{lái gōng sī　qù lǚ yóu　xué kāi chē}

我喜欢学中文
Wǒ Xǐ Huān Xué Zhōng Wén

对话

A：田中先生，你学中文几年了？
Tián zhōng xiān sheng nǐ xué Zhōng wén jǐ nián le

B：两年了。
Liǎng nián le

A：你为什么学中文？
Nǐ wèi shén me xué Zhōng wén

B：我在贸易公司工作，需要中文。
Wǒ zài mào yì gōng sī gōng zuò xū yào Zhōng wén

A：你喜欢学中文吗？
Nǐ xǐ huan xué Zhōng wén ma

B：我非常喜欢学中文。中文非常好学。
Wǒ fēi cháng xǐ huan xué Zhōng wén Zhōng wén fēi cháng hǎo xué

A：你一个星期上几次课？
Nǐ yí gè xīng qī shàng jǐ cì kè

B：我一个星期上两次课。
Wǒ yí gè xīng qī shàng liǎng cì kè

A：一次多长时间？
Yí cì duō cháng shí jiān

B：一次一个半小时。
Yí cì yí gè bàn xiǎo shí

A：你每天在家学多长时间？
Nǐ měi tiān zài jiā xué duō cháng shí jiān

B：我大概学三十分钟左右。
Wǒ dà gài xué sān shí fēn zhōng zuǒ yòu

A：了不起，我也加油。
Liǎo bù qǐ wǒ yě jiā yóu

生词

1	为什么	wèishénme	〔疑問代詞〕なぜ. どうして
2	因为	yīnwèi	〔接続詞〕なぜならば～
3	贸易	màoyì	〔名詞〕貿易
4	需要	xūyào	〔動詞〕必要としている
5	一个星期	yígexīngqī	〔名詞〕一週間
6	上课	shàngkè	〔動詞〕授業を受ける
7	次	cì	〔量詞〕回（数）
8	小时	xiǎoshí	〔名詞〕～時間(時の経過を数える単位)
9	每天	měitiān	〔名詞〕毎日
10	大概	dàgài	〔副詞〕大体. 多分
11	分钟	fēnzhōng	〔名詞〕～分間
12	左右	zuǒyòu	〔副詞〕くらい(数量詞の後につく)
13	了不起	liǎobuqǐ	〔形容詞〕素晴らしい
14	加油	jiāyóu	〔動詞〕頑張る
15	结婚	jiéhūn	〔名詞〕結婚 〔動詞〕結婚する
16	留学	liúxué	〔名詞〕留学 〔動詞〕留学する

17	努力	nǔlì	〔名詞〕努力
18	能力	nénglì	〔名詞〕能力
19	东西	dōngxi	〔名詞〕物
20	多长时间	duōchángshíjiān	〔疑問代詞〕(時間)どのくらい
21	课	kè	〔名詞〕レッスン. 授業
22	要	yào	〔動詞〕要する. かかる
23	电影	diànyǐng	〔名詞〕映画
24	会	huì	〔名詞〕会議
25	音乐	yīnyuè	〔名詞〕音楽
26	音乐会	yīnyuèhuì	〔名詞〕音楽会
27	睡	shuì	〔動詞〕寝る
28	读书	dúshū	〔動詞〕読書する
29	运动	yùndòng	〔名詞〕運動 〔動詞〕運動する
30	运动会	yùndònghuì	〔名詞〕運動会

日文译文

A：田中さんは中国語を始めてから何年ですか？

B：２年になりました。

A：どうして中国語を習っていますか？

B：私は貿易会社で働いており、中国語が必要だからです。

A：あなたは中国語を学ぶのが好きですか？

B：私は中国語を学ぶのが大好きです。中国語は非常に学びやすいです。

A：週に何回授業を受けるのですか？

B：週に２回です。

A：１回どのぐらいですか？

B：１回１時間半です。

A：あなたは毎日家でどのくらい勉強しますか？

B：だいたい30分間ぐらい勉強します。

A：素晴らしいですね。私も頑張ります。

举一反三　　　🎧19

1. 【～几年了?】：何年になるか? (時間の経過を表す)
jǐ nián le

    Q：你学 中 文几年了?
    Nǐ xué Zhōngwén jǐ nián le
    Q：あなたは中国語を習い始めて何年に
    なりますか?

    A：我学 中 文两年了。
    Wǒ xué Zhōngwén liǎng nián le
    A：私は中国語を習い始めてして2年になります。

(替换词) 工作, 来日本, 结婚, 留学
gōng zuò　lái Rì běn　jié hūn　liú xué

2. 【需要】：〔動詞〕必要としている。
xū yào

    Q：你需要什么?
    Nǐ xū yào shén me
    Q：あなたには何が必要ですか?

    A：我需要钱。
    Wǒ xū yào qián
    A：私にはお金が必要です。

(替换词) 时间, 朋友, 努力, 能力
shí jiān　péng you　nǔ lì　néng lì

3. 【为什么?】：〔疑問代詞〕なぜ、どうして?
wèi shén me

    Q：你为什么学 中 文?
    Nǐ wèi shén me xué Zhōngwén
    Q：あなたはなぜ中国語を習っていますか?

    A：因为我的工作需要 中 文。
    Yīn wèi wǒ de gōng zuò xū yào Zhōngwén
    A：私の仕事には中国語が必要だからです。

(替换词) 我喜欢 中 国, 我要去 中 国留学
wǒ xǐ huān Zhōngguó　wǒ yào qù Zhōngguó liú xué

4. 【几次?】：〔疑問代詞〕何回?
jǐ cì

    Q：你一个星期上 几次课?
    Nǐ yí ge xīng qī shàng jǐ cì kè
    Q：あなたは週に何回授業を受けますか?

    A：我一个星期上 两次课。
    Wǒ yí ge xīng qī shàng liǎng cì kè
    A：私は週に2回授業を受けます。

(替换词) 买 / 东西, 去 / 图书 馆
mǎi dōng xi　qù　tú shū guǎn

5．【多 长 时间?】：〔疑問代詞〕（時間）どのくらい?

duō cháng shí jiān

Zhōngwén kè yào duōcháng shíjiān
Q：中 文课要多 长 时间?　　Q：中国語の授業時間はどのぐらいですか?

Zhōngwén kè yào yí ge bànxiǎoshí
A：中 文课要一个半 小时。　　A：中国語の授業は1時間半です。

（替换词）电影，会，音乐会，运 动 会
diànyǐng　huì　yīnyuèhuì　yùndònghuì

Nǐ měitiānxuéduōcháng shíjiān
Q：你每天学多 长 时间?　　Q：あなたは毎日どのくらい勉強しますか?

Wǒměitiānxuésān ge xiǎo shí zuǒyòu
A：我每天学三个小时左右。　　A：私は毎日3時間ぐらい勉強します。

（替换词）睡，读书，游泳，运 动
shuì　dú shū　yóu yǒng　yùn dòng

小栏目 楽学漢詩❸

漢詩のリズムとメロディーで中国語の発音を楽しみましょう。

Ǒu Chéng
偶 成

Sòng　Zhū Xī
（宋）朱熹

Shào nián yì lǎo xuénán chéng　yí cùn guāng yīn bù kě qīng
少 年易老学难 成，一寸 光 阴不可轻。

Wèi jué chítángchūncǎo mèng　jiē qiánwú yè yǐ qiūshēng
未 觉池塘 春 草 梦，阶前梧叶已秋 声。

[日本語訳] 少年はあっという間に老いてしまうが、学問はなかなか成就しにくい。わずかな時間でも無駄に過ごしてはいけない。池の若草は春の夢から覚めないうちに、庭先の桐の葉はもう秋の気配がしている。

[解説] 作者は、南宋の儒学者・朱熹（しゅき、1130 年 - 1200 年）とされている。この詩は、若いうちから、わずかな時間も惜しんで、勉学に励むべきだという戒めに用いられる。

我 的 一 天
Wǒ de Yì Tiān

课文 🎧**20**

Wǒ měi tiān liù diǎn qǐ chuáng
我 每 天 六 点 起 床 。

Qī diǎn shí wǔ fēn chī zǎo fàn
七 点 十 五 分 吃 早 饭 。

Cóng bā diǎn bàn dào shí èr diǎn shàng kè
从 八 点 半 到 十 二 点 上 课 。

Jīn tiān shì jīng jì xué hé Yīng wén
今 天 是 经 济 学 和 英 文 。

Shí èr diǎn duō hé péng you yì qǐ qù shí táng
十 二 点 多 和 朋 友 一 起 去 食 堂 。

Yì diǎn bàn qù tú shū guǎn kàn shū
一 点 半 去 图 书 馆 看 书 。

Sān diǎn bàn qù yóu yǒng guǎn yóu yǒng
三 点 半 去 游 泳 馆 游 泳 。

Cóng liù diǎn dào jiǔ diǎn zài fàn diàn dǎ gōng
从 六 点 到 九 点 在 饭 店 打 工 。

Jiǔ diǎn bàn huí jiā
九 点 半 回 家 。

Wǒ yì biān kàn diàn shì yì biān chī wǎn fàn
我 一 边 看 电 视 , 一 边 吃 晚 饭 。

Rán hòu fù xí xǐ zǎo
然 后 , 复 习 , 洗 澡 。

Shí yī diǎn shuì jiào
十 一 点 睡 觉 。

生词

1	一天	yìtiān	〔名詞〕	一日
2	起床	qǐchuáng	〔動詞〕	起きる．起床する
3	从	cóng	〔介詞〕	～から
4	到	dào	〔介詞〕	～まで
5	经济	jīngjì	〔名詞〕	経済
6	和	hé	〔介詞〕	～と
7	多	duō	〔形容詞〕	多い
			〔副詞〕	～すぎ
8	食堂	shítáng	〔名詞〕	学生食堂．社員食堂
9	游泳馆	yóuyǒngguǎn	〔名詞〕	屋内プール
10	打工	dǎgōng	〔名詞〕	アルバイト
			〔動詞〕	アルバイトする
11	回	huí	〔動詞〕	帰る
12	家	jiā	〔名詞〕	家
13	一边,一边	yìbiān, yìbiān	〔副詞〕	～をしながら,~をする
14	电视	diànshì	〔名詞〕	テレビ
15	然后	ránhòu	〔接続詞〕	その後
16	复习	fùxí	〔名詞〕	復習
			〔動詞〕	復習する
17	洗澡	xǐzǎo	〔動詞〕	お風呂に入る
18	睡觉	shuìjiào	〔動詞〕	寝る
19	出门	chūmén	〔動詞〕	出掛ける
20	国语	guóyǔ	〔名詞〕	国語
21	数学	shùxué	〔名詞〕	数学
22	物理	wùlǐ	〔名詞〕	物理
23	历史	lìshǐ	〔名詞〕	歴史
24	化学	huàxué	〔名詞〕	化学
25	生物	shēngwù	〔名詞〕	生物
26	健身房	jiànshēnfáng	〔名詞〕	スポーツジム
27	唱	chàng	〔動詞〕	歌う
28	歌	gē	〔名詞〕	歌
29	学习	xuéxí	〔名詞〕	学習
			〔動詞〕	学習する
30	洗	xǐ	〔動詞〕	洗う
31	手	shǒu	〔名詞〕	手

日文译文

私は毎日6時に起きます。

7時15分に朝ご飯を食べます。

8時半から12時まで授業があります。

今日は経済学と英語です。

12時すぎに友達と一緒に学食に行きます。

1時半に図書館へ本を読みに行きます。

3時半にプールへ泳ぎに行きます。

6時から9時まで飲食店でアルバイトをします。

9時半に家に帰ります。テレビを見ながら晩ご飯を食べます。

それから、復習して、お風呂に入ります。

11時に寝ます。

举一反三

1. 【几点〜?】:〔疑問代詞〕何時?
   jǐ diǎn

   Nǐ měitiān jǐ diǎn qǐ chuáng
   Q：你每天几点 起 床 ?　　Q：あなたは毎日何時に起きますか?

   Wǒ měitiān liù diǎn qǐ chuáng
   A：我每天六点 起 床 。　　A：私は毎日6時に起きます。

   chīzǎofàn　chū mén　huí jiā　shuìjiào
   （替换词）吃早饭, 出 门, 回家, 睡 觉

2. 【从几点到几点?】:何時から、何時まで?
   cóng jǐ diǎndào jǐ diǎn

   Nǐ cóng jǐ diǎndào jǐ diǎnshàng kè
   Q：你从几点到几点 上 课?　Q：あなたは何時から何時まで授業があります
   　　　　　　　　　　　　　　　か?

   Wǒ cóng jiǔ diǎndàoshí èr diǎnshàng kè
   A：我从九点到十二点 上 课。　A：私は9時から12時まで授業があります。

   gōng zuò　dǎ gōng　yùn dòng　kàndiàn shì
   （替换词）工 作, 打 工, 运 动, 看 电 视

3. 【上 课】:〔動詞〕授業を受ける。
   shàng kè

   Jīn tiānshàngshén me kè
   Q：今天 上 什么课?　　Q：今日は何の授業がありますか?

   Jīn tiānshàngjīng jì xué hé Yīngwén
   A：今天 上 经济学和英 文。　A：今日は経済学と英語の授業があります。

   guó yǔ hé shùxué　wù lǐ hé lì shǐ　huàxué hé shēngwù
   （替换词）国语和数学, 物理和历史, 化学和 生 物

4. 【和 朋 友一起】:友達と一緒に。
   hé péngyou yì qǐ

   Nǐ hé shuí yì qǐ qù shí táng
   Q：你和谁一起去食堂?　　Q：あなたは誰と一緒に学食へ行きますか?

   Wǒ hé péngyou yì qǐ qù shí táng
   A：我和朋 友一起去食 堂。　A：私は友達と学食へ行きます。

   kàndiànyǐng　tīngyīnyuèhuì　mǎidōng xi　lǚ yóu
   （替换词）看 电 影, 听音乐会, 买 东 西, 旅 游

5.【在哪里〜?】：〔疑問代詞〕どこで〜？ (動作・行為の場所を尋ねる)

Q：你在哪里看书？　　　　　　　　Q：あなたはどこで本を読みますか？

A：我在图书馆看书。　　　　　　　A：私は図書館で本を読みます。

Q：你在哪里游泳？　　　　　　　　Q：あなたはどこで泳ぎますか？

A：我在游泳馆游泳。　　　　　　　A：私は屋内プールで泳ぎます。

Q：你在哪里运动？　　　　　　　　Q：あなたはどこで運動しますか？

A：我在健身房运动。　　　　　　　A：私はスポーツジムで運動します。

Q：你在哪里打工？　　　　　　　　Q：あなたはどこでアルバイトをしますか？

A：我在咖啡店打工。　　　　　　　A：私はカフェでアルバイトをします。

6.【一边A，一边B】：〔副詞〕〜をしながら、〜をする。

我一边看电视，一边吃晚饭。　私はテレビを観ながら、晩ご飯を食べます。

（替换词）听音乐／运动，唱歌／洗澡

7.【先A，然后B】：〔接続詞〕まず〜、それから、〜。

我先吃饭，然后，复习。　　　　私はまず食事をし、それから、復習します。

（替换词）学习／睡觉，洗手／吃饭

全家福
Quán Jiā Fú

对话 🎧22

Qǐngkàn zhè shì wǒ de quán jiā fú
A：请看，这是我的全家福。

Nǐ jiā yǒu jǐ kǒu rén
B：你家有几口人？

Wǒ jiā yǒu sì kǒu rén Fù qin mǔ qin jiě jiě hé wǒ
A：我家有四口人。父亲、母亲、姐姐和我。

Nǐ fù qin kàn qǐ lái hěn nián qīng a Tā zài nǎ li gōng zuò
B：你父亲看起来很年轻啊。他在哪里工作？

Tā zài yín háng gōng zuò Míngnián yào tuì xiū le
A：他在银行工作。明年要退休了。

Nǐ mǔ qin yě zài yín háng gōng zuò ma
B：你母亲也在银行工作吗？

Bù tā shì jiā tíng zhǔ fù
A：不，她是家庭主妇。

Zhè shì nǐ jiě jiě ma Nǐ men zhǎng de hěn xiàng Tā duō dà le
B：这是你姐姐吗？你们长得很像。她多大了？

Tā èr shí èr suì dà xué sì nián jí
A：她二十二岁，大学四年级。

Tā de zhuān yè shì shén me
B：她的专业是什么？

Tā xué fǎ lǜ Tā xiǎng bì yè hòu dāng lǜ shī
A：她学法律。她想毕业后，当律师。

Nǐ men yì jiā kàn qǐ lái hěn xìng fú a
B：你们一家看起来很幸福啊。

生词

1	全家福	quánjiāfú	[名詞] 家族全員の記念写真
2	这	zhè	[指示代詞] これ．この
3	口	kǒu	[量詞] 人(家庭の人数を数える)
4	父亲	fùqin	[名詞] 父親
5	母亲	mǔqin	[名詞] 母親
6	姐姐	jiějie	[名詞] 姉
7	看起来	kànqǐlái	[動詞] ～に見える
8	年轻	niánqīng	[形容詞] 若い
9	啊	a	[感嘆詞] ね,よ(驚嘆や感心を表す)
10	银行	yínháng	[名詞] 銀行
11	退休	tuìxiū	[動詞] 退職する．定年になる
12	家庭主妇	jiātíngzhǔfù	[名詞] 専業主婦
13	长	zhǎng	[動詞] 成長する．育つ
14	像	xiàng	[動詞] 似ている
15	长得像	zhǎngdexiàng	[動詞] (顔つきが)似ている
16	四年级	sìniánjí	[名詞] 四年生
17	专业	zhuānyè	[名詞] 専攻．専門
18	法律	fǎlǜ	[名詞] 法律
19	毕业	bìyè	[動詞] 卒業する
20	以后	yǐhòu	[方位名詞] 以後
21	当	dāng	[動詞] (職業)になる
22	律师	lǜshī	[名詞] 弁護士
23	幸福	xìngfú	[形容詞] 幸福である
24	照片	zhàopiàn	[名詞] 写真
25	名片	míngpiàn	[名詞] 名刺
26	哥哥	gēge	[名詞] 兄
27	弟弟	dìdi	[名詞] 弟
28	妹妹	mèimei	[名詞] 妹
29	爱人	àiren	[名詞] 配偶者(夫．妻)
30	孩子	háizi	[名詞] 子供
31	健康	jiànkāng	[形容詞] 健康である
32	开心	kāixīn	[形容詞] 愉快である
33	公务员	gōngwùyuán	[名詞] 公務員
34	矮	ǎi	[形容詞] (背が)低い
35	胖	pàng	[形容詞] 太っている
36	瘦	shòu	[形容詞] 痩せている
37	声音	shēngyīn	[名詞] 声．物音
38	性格	xìnggé	[名詞] 性格
39	表情	biǎoqíng	[名詞] 表情
40	医生	yīshēng	[名詞] 医者
41	护士	hùshi	[名詞] 看護師
42	针灸师	zhēnjiǔshī	[名詞] 鍼灸師
43	看护学	kānhùxué	[名詞] 看護学

日文译文

A：見てください。こちらは私の家族写真です。

B：あなたの家は何人家族ですか？

A：4人家族です。父、母、姉と私。

B：お父さんは若く見えますね。どちらにお勤めですか？

A：父は銀行で働いていて、来年定年になります。

B：お母さんも銀行にお勤めですか？

A：いいえ、母は専業主婦です。

B：こちらはお姉さんですか？お二人は似ていますね。お姉さんはおいくつですか？

A：姉は22歳で、大学4年生です。

B：彼女の専攻は何ですか？

A：彼女は法律を学んでいます。卒業後、弁護士になりたいそうです。

B：ご家族は幸せそうに見えますね。

举一反三

1.【这是我的～】zhè shì wǒ de：これは私の～。

    Q：这是什么？ Zhè shì shén me　　　　　　Q：これは何ですか?

    A：这是我的 全家福。Zhè shì wǒ de quán jiā fú　　A：これは私の家族写真です。

> （替换词）照片，毕业照，名片 zhào piàn　bì yè zhào　míng piàn

2.【几口人?】jǐ kǒu rén：〔疑問代詞〕何人家族?

    Q：你家有几口人？Nǐ jiā yǒu jǐ kǒu rén　　Q：あなたの家は何人家族ですか?

    A：我家有四口人。父亲、母亲、Wǒ jiā yǒu sì kǒu rén　Fù qin　mǔqin　A：我が家は4人家族です。父、母、姉と私。

    姐姐和我。jiě jiě hé wǒ

> （替换词）哥哥、弟弟、妹妹，爱人、两个孩子 gē ge　dì di　mèi mèi　ài ren　liǎng ge hái zi

3.【看起来～】kàn qǐ lái：〔動詞〕～に見える。

    你看起来很年轻。Nǐ kàn qǐ lái hěn nián qīng　　あなたはとても若く見えますね。

> （替换词）幸福，健康，开心，快乐 xìng fú　jiàn kāng　kāi xīn　kuài lè

4.【要～了】yào le：〔助動詞〕もうすぐ～となる、～しそうだ。

    他明年要退休了。Tā míng nián yào tuì xiū le　　彼は来年定年退職する予定です。

> （替换词）毕业，工作，结婚，上大学 bì yè　gōng zuò　jié hūn　shàng dà xué

5. 【是】：以下に述べられた属性にあることを表す。
＊shì

她是家庭主妇。
Tā shì jiā tíng zhǔ fù

彼女は専業主婦です。

（替換词）公司职员，公务员，店员
gōng sī zhí yuán　gōng wù yuán　diàn yuán

6. 【长得～】：外見を描写する際に用いる。
zhǎng de

他长得高。
Tā zhǎng de gāo

彼は背が高いです。

（替換词）矮，胖，瘦
ǎi　pàng　shòu

7. 【长得像】：顔つきが似ている。
zhǎng de xiàng

我们长得很像。
Wǒmen zhǎng de hěn xiàng

私たちは顔つきがとても似ています。

（替換词）声音，性格，表情
shēng yīn　xìng gé　biǎo qíng

8. 【专业】：〔名詞〕専攻、専門。漢字は日本語の「専業」にあたる。
zhuān yè

Q：你的专业是什么？
Nǐ de zhuān yè shì shén me

Q：あなたのご専攻は何ですか？

A：我的专业是法律。
Wǒ de zhuān yè shì fǎ lǜ

A：私の専攻は法律です。

（替換词）经济学，工学，医学，看护学，针灸学
jīng jì xué　gōng xué　yī xué　kān hù xué　zhēn jiǔ xué

9. 【当～】：〔動詞〕（職業）になる。
dāng

Q：你想毕业以后当什么？
Nǐ xiǎng bì yè yǐ hòu dāng shén me

Q：あなたは卒業後、何になりたいですか？

A：我想当律师。
Wǒ xiǎng dāng lù shī

A：私は弁護士になりたいです。

（替換词）医生，护士，针灸师
yī shēng　hù shi　zhēn jiǔ shī

我 的 爱 好
Wǒ de Ài Hào

对话

Nǐ yǒu shén me ài hào
A：你 有 什 么 爱 好？

Wǒ ài huá xuě
B：我 爱 滑 雪。

Cóng shén me shí hòu kāi shǐ de
A：从 什 么 时 候 开 始 的？

Cóng liù suì kāi shǐ de　Měi nián dōng tiān wǒ fù qin dōu dài wǒ qù
B：从 六 岁 开 始 的。每 年 冬 天 我 父 亲 都 带 我 去
huá xuě
滑 雪。

Nà　nǐ yí dìng huá de hěn hǎo ba
A：那，你 一 定 滑 得 很 好 吧？

Hái kě yǐ　wǒ yǒu huá xuě de zī gé
B：还 可 以，我 有 滑 雪 的 资 格。

Zhēn xiàn mù nǐ　Wǒ xiǎo shí hou　zài Zhōng guó hái méi yǒu huá
A：真 羡 慕 你。我 小 时 候，在 中 国 还 没 有 滑
xuě chǎng
雪 场。

Zhēn de ma　　Nǐ men dōng tiān zuò shén me yùn dòng
B：真 的 吗？你 们 冬 天 做 什 么 运 动？

Dōng tiān huá bīng　Cóng xiǎo xué dào dà xué yǒu huá bīng kè
A：冬 天 滑 冰。从 小 学 到 大 学 有 滑 冰 课。

Huá bīng yě bú cuò a
B：滑 冰 也 不 错 啊。

生词

1	爱好	àihào	〔名詞〕	趣味
			〔動詞〕	好む
2	爱	ài	〔動詞〕	愛する.好む
3	滑雪	huáxuě	〔動詞〕	スキーをする
4	开始	kāishǐ	〔名詞〕	開始
			〔動詞〕	始める.始まる
5	每年	měinián	〔名詞〕	毎年
6	冬天	dōngtiān	〔名詞〕	冬
7	都	dōu	〔副詞〕	みんな.いずれも
8	带	dài	〔動詞〕	連れる.率いる.携帯する.持つ
9	那	nà	〔接続詞〕	それでは.それなら
10	一定	yídìng	〔副詞〕	きっと.必ず.ぜひ
11	得	de	〔助詞〕	(結果・程度を表す補語を導く)
12	还	hái	〔動詞〕	まだ.また
13	可以	kěyǐ	〔形容詞〕	いい.よろしい
14	资格	zīgé	〔名詞〕	資格
15	真	zhēn	〔副詞〕	本当に
16	羡慕	xiànmù	〔動詞〕	羨む.羨望する
17	小时候	xiǎoshíhou	〔名詞〕	小さい頃
18	滑雪场	huáxuěchǎng	〔名詞〕	スキー場
19	滑冰	huábīng	〔動詞〕	スケートをする
20	不错	búcuò	〔形容詞〕	悪くない.素晴らしい
21	特长	tècháng	〔名詞〕	特技
22	打	dǎ	〔動詞〕	打つ.(手でやる球技を)する
23	棒球	bàngqiú	〔名詞〕	野球
24	踢	tī	〔動詞〕	蹴る
25	足球	zúqiú	〔名詞〕	サッカー
26	弹	tán	〔動詞〕	弾く
27	钢琴	gāngqín	〔名詞〕	ピアノ
28	画画	huàhuà	〔動詞〕	絵を描く
29	爬山	páshān	〔動詞〕	登山をする
30	超市	chāoshì	〔名詞〕	スーパーマーケット
31	便利店	biànlìdiàn	〔名詞〕	コンビニエンスストア
32	做	zuò	〔動詞〕	する.やる.作る
33	夏天	xiàtiān	〔名詞〕	夏
34	跑步	pǎobù	〔動詞〕	ジョギングをする

日文译文

A：あなたはどのような趣味をお持ちですか？

B：私はスキーが大好きです。

A：いつから始めたのですか？

B：6歳から始めたのです。毎年冬に父が私を連れてスキーをしに行きます。

A：それなら、あなたはスキーがお上手でしょうね。

B：まあまあです。スキーの資格を持っています。

A：本当に羨ましいですね。私の小さい頃、中国にはまだスキー場はありませんでした。

B：本当ですか？あなたたちは冬にどんなスポーツをしますか？

A：冬にスケートをします。小学校から大学まではスケートの授業がありました。

B：スケートも悪くないですね。

举一反三

1．【爱好】：〔名詞〕趣味。〔動詞〕好む。

ài hào

　　　　Nǐ yǒushénme ài hào
　　Q：你 有 什 么 爱 好？　　　　　Q：あなたの趣味は何ですか？
　　　　Wǒ ài hàohuáxuě
　　A：我 爱 好 滑雪。　　　　　　　A：私はスキーが趣味です。

> 　　　　　　　dǎ bàngqiú　　tī zú qiú　　tángāngqín　　huàhuà
> （替换词）打 棒 球，踢 足 球，弹 钢 琴，画 画

2．【从什么时候?】：いつから？

cóngshénme shí hòu

　　　　　　Cóngshénme shí hòukāi shǐ de
　　Q：从 什 么 时 候 开 始 的?　　　Q：いつから始めたのですか？
　　　　　Cóng liù suì kāi shǐ de
　　A：从 六 岁 开 始 的。　　　　　A：6歳から始たのです。

> 　　　　　　　qù nián　　wǔnián qián　xiǎo shí hòu
> （替换词）去 年，五 年 前，小 时 候

3．【带】：〔動詞〕連れる。

dài

　　Fù qindàiwǒ qù huáxuě
　　父 亲 带 我 去 滑雪。　　　　　　父が私を連れてスキーをしに行きます。

> 　　　　　　　yóu yǒng　pá shān　lǚ yóu
> （替换词）游 泳，爬 山，旅 游

4．【每～都】：毎～欠かさずに～。

měi　dōu

　　Měixīng qī tiānmǔ qindōudàiwǒ qù shūdiàn
　　每 星 期 天 母 亲 都 带 我 去 书店。　每週日曜日、母は必ず私を連れて本屋へ行きます。

> 　　　　　　　tú shū guǎn　chāo shì　　shòu sī diàn
> （替换词）图 书 馆，超 市，寿 司 店

48

5.【得】de :〔助詞〕結果・程度を表す補語を導く。

Q：你滑雪滑得好吗？
　Nǐ huáxuě huá de hǎoma

Q：あなたはスキーが上手ですか。

A：我滑雪滑得很好。
　Wǒ huáxuě huá de hěnhǎo

A：私はスキーがとても上手です。

（替换词）打棒球打，踢足球踢，弹钢琴弹，画画画
　　　　dǎ bàngqiú dǎ　tī zú qiú tī　tán gāng qín tán　huà huà huà

我滑雪滑得很好。
Wǒ huáxuě huá de hěnhǎo

私はスキーがとても上手です。

（替换词）不好，非常好，还可以，不错
　　　　bù hǎo　fēi cháng hǎo　hái kě yǐ　bú cuò

6.【还没有～】hái méiyǒu ：まだ～がありませんでした。

我小时候，在中国还没有滑雪场。
Wǒ xiǎo shí hou,　zài Zhōngguó hái méiyǒu huá xuě chǎng

私の小さい頃、中国にはまだスキー場がありませんでした。

（替换词）超市，便利店，游泳馆
　　　　chāo shì　biàn lì diàn　yóuyǒngguǎn

7.【做什么运动？】zuò shén me yùndòng ：どんなスポーツをしますか?

Q：你们冬天做什么运动？
　Nǐ men dōngtiān zuò shén me yùn dòng

Q：あなたたちは冬にどんなスポーツをしますか？

A：我们冬天滑冰。
　Wǒmen dōngtiān huá bīng

A：私たちは冬にスケートをします。

（替换词）滑雪，跑步
　　　　huáxuě　pǎo bù

Tán Tiān Qì
谈天气

对话 　　　　　　　　　　　　　　　　　🎧26

Jīn tiān tiān qì zhēn hǎo
A：今天天气真好。

Shì a　tiān qì yù bào shuō jīn tiān zuì gāo qì wēn shí wǔ dù
B：是啊, 天气预报说今天最高气温十五度。

Chūn tiān lái le　yuè lái yuè nuǎn huo le
A：春天来了, 越来越暖和了。

Yīng huā jiù yào kāi le
B：樱花就要开了。

Wǒ xiǎng qù kàn yīng huā Míng tiān huì xià yǔ ma
A：我想去看樱花。明天会下雨吗？

Dà gài bú huì ba
B：大概不会吧。

Míng tiān yào shi qíng tiān jiù hǎo le
A：明天要是晴天就好了。

Wǒ xī wàng míng tiān bǐ jīn tiān nuǎn huo
B：我希望明天比今天暖和。

Míng tiān wǒ men yì qǐ qù gōng yuán kàn yīng huā ba
A：明天我们一起去公园看樱花吧。

Hǎo　wǒ dài chī de hé hē de qù
B：好, 我带吃的和喝的去。

生词

1	天气	tiānqì	〔名詞〕天気
2	预报	yùbào	〔名詞〕予報
3	最高	zuìgāo	〔形容詞〕最高
4	气温	qìwēn	〔名詞〕気温
5	度	dù	〔量詞〕度
6	春天	chūntiān	〔名詞〕春
7	越来越	yuèláiyuè	〔副詞〕ますます.来れば来るほど
8	暖和	nuǎnhuo	〔形容詞〕暖かい
9	樱花	yīnghuā	〔名詞〕桜
10	就要~了	jiùyào le	〔接続詞〕もうすぐ~になる
11	开	kāi	〔動詞〕(花が)咲く.開く
12	会	huì	〔助動詞〕~だろう(将来に対する推測)
13	下雨	xiàyǔ	〔動詞〕雨が降る
14	要是~,就	yàoshì jiù	〔接続詞〕もし~,~をする
15	晴天	qíngtiān	〔名詞〕晴天
16	希望	xīwàng	〔名詞〕希望 〔動詞〕希望する.願う

17	比	bǐ	〔介詞〕~より(比較する)
18	更	gèng	〔副詞〕更に
19	公园	gōngyuán	〔名詞〕公園
20	晴	qíng	〔形容詞〕晴れている
21	阴	yīn	〔形容詞〕曇っている
22	刮风	guāfēng	〔動詞〕風が吹く
23	最低	zuìdī	〔形容詞〕最低
24	零下	língxià	〔名詞〕零下
25	秋天	qiūtiān	〔名詞〕秋
26	热	rè	〔形容詞〕熱い.暑い
27	凉快	liángkuài	〔形容詞〕涼しい
28	冷	lěng	〔形容詞〕寒い
29	郁金香	yùjīnxiāng	〔名詞〕チューリップ
30	菊花	júhuā	〔名詞〕菊
31	梅花	méihuā	〔名詞〕梅
32	玩儿	wánr	〔動詞〕遊ぶ

日文译文

A：今日は天気が本当にいいですね。

B：そうですね。天気予報によれば、今日の最高気温は15度です。

A：春が来ました。ますます暖かくなりますね。

B：桜がもうすぐ咲きます。

A：桜を見に行きたいのですが、明日雨が降るでしょうか？

B：たぶん降らないでしょう。

A：明日が晴れだったらいいですね。

B：明日が今日よりもっと暖かければいいね。

A：明日一緒に公園へ桜を見に行きましょう。

B：いいですね。私は食べ物と飲み物を持っていきます。

举一反三

27

1．【天气】：〔名詞〕天気。

Jīn tiān tiān qì hǎo
今天 天气好。 　　　　　　　　　　今日は天気がいいです。

（替换词）晴，阴，下雨，下雪，刮 风
qíng　yīn　xià yǔ　xià xuě　guā fēng

2．【天气预报 说～】：天気予報によると、～だそうです。

Tiān qì yù bào shuō jīn tiān zuì gāo qì wēn
天气预报 说今天最高气温
shí wǔ dù
十五度。

天気予報によると、今日は最高気温が15℃だそうです。

（替换词）最低气温 零下五度
zuì dī qì wēn líng xià wǔ dù

3．【来了】：来ました。

Chūn tiān lái le
春 天来了。 　　　　　　　　　　春が来ました。

（替换词）夏天，秋天，冬 天
xià tiān　qiū tiān　dōng tiān

4．【越来越～了】：ますます～になります。（状態の変化を表す）

Yuè lái yuè nuǎn huo le
越来越 暖 和了。 　　　　　　　　　　ますます暖かくなりました。

（替换词）热，凉 快，冷
rè　liáng kuài　lěng

5．【就要～了】：もうすぐ～になります。（将来に対する予測を表す）

Yīng huā jiù yào kāi le
樱 花就要开了。 　　　　　　　　　　桜がもうすぐ咲きそうです。

（替换词）郁金香，菊花，梅 花
yù jīn xiāng　jú huā　méi huā

6.【会】：〔助動詞〕～だろう。（将来に対する推測を表す）

Q：明天会下雨吗？ Míngtiānhuì xià yǔ ma　　　　Q：明日は雨が降りそうですか?

A：明天不会下雨。 Míngtiān bú huì xià yǔ　　　　A：明日は雨が降りそうもありません。

（替换词）晴，阴，下雪，刮风 qíng yīn xià xuě guā fēng

7.【要是～，就好了】：〔接続詞〕もし～、～をする。

明天要是晴天，就好了。 Míngtiānyào shi qíngtiān　jiù hǎo le　　もし明日が晴天だったらいいですね。

（替换词）我 / 有时间，我 / 会说中文 wǒ yǒu shí jiān wǒ huì shuō Zhōng wén

8.【A比B～】：〔介詞〕AはBより～。（比較を表す）

今天比昨天暖和。 Jīn tiān bǐ zuótiānnuǎnhuo　　　　今日は昨日より暖かいです。

（替换词）热，凉快，冷 rè liáng kuài lěng

9.【A没有B～】：AはBほど～ではない。

今天没有昨天暖和。 Jīn tiānméiyǒuzuótiānnuǎnhuo　　今日は昨日ほど暖かくありません。

（替换词）热，凉快，冷 rè liáng kuài lěng

10.【带～来】：(物) を持ってくる。（人) を連れてくる。

我带吃的来。 Wǒdàichī de lái　　　　　私は食べ物を持って来ます。

（替换词）喝的，看的，玩儿的，朋友 hē de kàn de wán r de péng you

Zài Yín Háng
在 银 行

对话

Wǒ yào bǎ Rì yuán huàn chéng Rén mín bì
A：我 要 把 日 元 换 成 人 民 币。

Nín yào huàn duō shǎo
B：您 要 换 多 少 ？

Wǒ yào huàn wǔ wàn Rì yuán
A：我 要 换 五 万 日 元。

Qǐng xiān tián duì huàn dān
B：请 先 填 兑 换 单。

Hǎo Gěi nín
A：好。给 您。

Qǐng chū shì hù zhào
B：请 出 示 护 照。

Gěi nín Jīn tiān Rì yuán hé Rén mín bì de duì huàn lǜ shì duō shǎo
A：给 您。今 天 日 元 和 人 民 币 的 兑 换 率 是 多 少 ？

Jīn tiān de duì huàn lǜ shì bǐ
B：今 天 的 兑 换 率 是 1 比 0.059。

Zhè shì wǔ wàn Rì yuán
A：这 是 五 万 日 元。

Nín de wǔ wàn Rì yuán yí gòng huàn chéng kuài Rén mín bì
B：您 的 五 万 日 元 一 共 换 成 2950 块 人 民 币。
Qǐng diǎn yí xià
请 点 一 下。

Hǎo xièxie
A：好，谢谢。

生词

1	人民币	Rénmínbì	〔名詞〕人民元. RMB
2	把	bǎ	〔介詞〕～を
3	换	huàn	〔動詞〕換える. 両替する
4	成	chéng	〔介詞〕～に
5	先	xiān	〔副詞〕先に. まず. とりあえず
6	填	tián	〔動詞〕記入する. 書き込む
7	兑换	duìhuàn	〔名詞〕両替. 為替 〔動詞〕両替する
8	单	dān	〔名詞〕用紙. 表
9	出示	chūshì	〔動詞〕見せる
10	护照	hùzhào	〔名詞〕パスポート
11	率	lǜ	〔名詞〕率
12	比	bǐ	〔介詞〕～对～
13	一共	yígòng	〔副詞〕全部で. 合わせて
14	点	diǎn	〔動詞〕数える
15	一下	yíxià	〔数量詞〕ちょっと （動詞の後に用いる）
16	美元	Měiyuán	〔名詞〕米ドル

17	欧元	Ōuyuán	〔名詞〕ユーロ
18	港币	Gǎngbì	〔名詞〕香港ドル
19	台币	Táibì	〔名詞〕台湾ドル
20	翻译	fānyì	〔名詞〕通訳者 〔動詞〕訳す
21	订	dìng	〔動詞〕予約する
22	预订	yùdìng	〔動詞〕予約する
23	预订单	yùdìngdān	〔名詞〕予約用紙
24	入境卡	rùjìngkǎ	〔名詞〕入国カード
25	出境卡	chūjìngkǎ	〔名詞〕出国カード
26	飞机票	fēijīpiào	〔名詞〕航空券
27	登机牌	dēngjīpái	〔名詞〕搭乗券
28	确认	quèrèn	〔動詞〕確認する
29	数	shǔ	〔動詞〕数える
30	等	děng	〔動詞〕待つ
31	试	shì	〔動詞〕試す
32	尝	cháng	〔動詞〕味見する. 味わう

日文译文

A：日本円を人民元に両替したいのですが。

B：いくらを両替しますか？

A：5万円を両替したいです。

B：先に両替用紙にご記入ください。

A：分かりました。どうぞ。

B：パスポートを見せてください。

A：どうぞ。今日、日本円と人民元の為替レートはどのぐらいですか？

B：今日の為替レートは1対0.059です。

A：こちらは5万円です。

B：お客さまの5万円は人民元に両替すると、全部で2,950元となります。

　　どうぞお確かめください。

A：分かりました。ありがとうございます。

举一反三

1.【把】：〔介詞〕～を。物事をどう処置するかを表す。

^{bǎ}

Wǒ bǎ Rì yuán huàn chéng Rénmín bì
我把<u>日元</u> 换 成 人民币。　　　　私は日本円を人民元に両替します。

（替换词）美元，欧元，港币，台币
Měi yuán　Ôu yuán　Gǎng bì　　Tái bì

Wǒ bǎ Zhōngwén fān yì chéng Rìwén
我把 中 文翻译 成 <u>日文</u>。　　　　私は中国語を日本語に訳します。

（替换词）英文，法文，德文，意大利文
Yīng wén　　Fǎ wén　　Dé wén　　Yì dà lì wén

2.【～多少？】：〔疑問代詞〕いくら？どれほど？

^{duōshǎo}

Nín yào huàn duōshǎo
Q：您要 <u>换</u> 多少？　　　　Q：お客さまはどのぐらい両替しますか？

（替换词）买，卖，订
mǎi　 mài　 dìng

3.【换】：〔動詞〕換える、両替する。

^{huàn}

Nín yào huàn duōshǎo
Q：您要 换 多少？　　　　Q：お客さまはどのぐらい両替しますか？
Wǒ yào huàn wǔ wàn Rì yuán
A：我要 换 <u>五万日元</u>。　　　　A：私は５万円を両替したいです。

（替换词）三百美元，四千欧元，六千元人民币
sān bǎi Měi yuán　　sì qiān Ôu yuán　　liù qiān yuán Rénmín bì

4.【填】：〔動詞〕記入する、書き込む。

^{tián}

Qǐng xiān tián duìhuàn dān
请 先 填 <u>兑 换 单</u>。　　　　先に、両替用紙に記入してください。

（替换词）预订单，入境卡，出境卡
yù dìng dān　 rù jìng kǎ　 chū jìng kǎ

5．【出示】：〔動詞〕見せる、提示する。

chū shì

Qǐng chū shì hù zhào
请 出示护 照。 パスポートを提示してください。

（替换词）飞机票，登机牌，入境卡
fēi jī piào　dēng jī pái　rù jìng kǎ

6．【兑换率】：〔名詞〕兑换率、為替レート。

duì huàn lǜ

Rì yuán hé Rén mín bì de duì huàn lǜ shì 1 bǐ
日 元 和人 民 币的兑 换 率是1比 今日の為替レートは1対0.059です。
0.059。

（替换词）0.065，0.071

7．【～一下】：〔数量詞〕ちょっと、少し。（動詞の後に用いる）

yí xià

Qǐng diǎn yí xià
请 点 一下。 どうぞ、少しお確かめください。

（替换词）确认，数，等，试，尝
quèrèn　shǔ　děng　shì　cháng

小栏目 楽学漢詩 ❹

漢詩のリズムとメロディーで中国語の発音を楽しみましょう。

Chūn Xiǎo
春 晓

Táng Mèng Hàorán
（唐）孟 浩然

Chūn mián bù jué xiǎo chùchù wén tí niǎo
春 眠不觉晓, 处处闻啼鸟。

Yè lái fēng yǔ shēng huā luò zhī duō shǎo
夜来 风雨 声, 花落知多 少。

〔日本語訳〕春の眠りが心地よく、夜明けに
さえ気づかなかった。鳥の鳴き声があちこち
から聞えてくる。昨夜から風雨の音が心にまと
いついて、花はいったいどれほど散ったのだ
ろうか。

- -

〔解説〕孟浩然（もうこうねん、689年-740年）は、
唐代山水自然派詩人の代表。「春暁」は視覚で
はなく聴覚的表現を用いて暮春（ぼしゅん）を詠んでいる。

Zuò Fēi Jī

坐飞机

对话

🎧30

bàn dēng jī shǒu xù
(办 登 机 手 续)

Xiǎo jiě　wǒ yào bàn dēng jī shǒu xù
A：小 姐, 我 要 办 登 机 手 续。

Qǐng chū shì hù zhào hé fēi jī piào Nín yǒu yào tuō yùn de xíng li ma
B：请 出 示 护 照 和 飞 机 票。您 有 要 托 运 的 行 李 吗?

Zhè jiàn xíng li yào tuō yùn
A：这 件 行 李 要 托 运。

Hǎo Qǐng ná hǎo dēng jī pái Shí wǔ hào dēng jī kǒu　qī diǎn zhěng
B：好。请 拿 好 登 机 牌。十 五 号 登 机 口, 七 点 整
kāi shǐ dēng jī
开 始 登 机。

zài jī nèi
(在 机 内)

Nín yào mǐ fàn　hái shì miàn tiáo
C：您 要 米 饭, 还 是 面 条 ?

Qǐng gěi wǒ mǐ fàn
A：请 给 我 米 饭。

Nín yào hē shén me
C：您 要 喝 什 么 ?

Qǐng gěi wǒ yì bēi píng guǒ zhī Qǐng wèn　yǒu bào zhǐ ma
A：请 给 我 一 杯 苹 果 汁。请 问, 有 报 纸 吗?

Yǒu qǐng shāo děng Qǐng jì hǎo ān quán dài
C：有, 请 稍 等。请 系 好 安 全 带。

生词

1	坐	zuò	〔動詞〕	座る．乗る
2	飞机	fēijī	〔名詞〕	飛行機
3	登机	dēngjī	〔動詞〕	搭乗する
4	办	bàn	〔動詞〕	行う
5	手续	shǒuxù	〔名詞〕	手続き
6	托运	tuōyùn	〔動詞〕	託送する
7	行李	xíngli	〔名詞〕	荷物
8	件	jiàn	〔量詞〕	個．枚（荷物や服を数える）
9	拿	ná	〔動詞〕	持つ．受け取る
10	登机口	dēngjīkǒu	〔名詞〕	搭乗口
11	整	zhěng	〔副詞〕	ちょうど．かっきり
12	米饭	mǐfàn	〔名詞〕	ご飯
13	面条	miàntiáo	〔名詞〕	麺類．うどん
14	还是	háishì	〔接続詞〕	それとも
15	苹果汁	píngguǒzhī	〔名詞〕	アップルジュース
16	报纸	bàozhǐ	〔名詞〕	新聞
17	稍	shāo	〔副詞〕	少し．ちょっと
18	系	jì	〔動詞〕	締める
19	安全带	ānquándài	〔名詞〕	シートベルト
20	退房	tuìfáng	〔動詞〕	チェックアウトをする
21	入住	rùzhù	〔動詞〕	チェックインをする
22	搬运	bānyùn	〔動詞〕	運搬する．運ぶ
23	寄存	jìcún	〔動詞〕	預ける
24	申报	shēnbào	〔動詞〕	申告する
25	钥匙	yàoshi	〔名詞〕	鍵
26	早餐券	zǎocānquàn	〔名詞〕	朝食券
27	晚餐	wǎncān	〔名詞〕	晩餐．ディナー
28	橘汁	júzhī	〔名詞〕	オレンジジュース
29	啤酒	píjiǔ	〔名詞〕	ビール
30	葡萄酒	pútaojiǔ	〔名詞〕	ワイン
31	准备	zhǔnbèi	〔動詞〕	準備する．用意する
32	放	fàng	〔動詞〕	置く
33	小桌板	xiǎozhuōbǎn	〔名詞〕	座席のテーブル

日文译文

（搭乗手続きを行う）

A：すみません、搭乗手続きをしたいのですが。

B：パスポートと航空券を見せてください。お客さまは託送する荷物はございますか？

A：この荷物をお願いします。

B：かしこまりました。搭乗券をどうぞ。15 番搭乗口で、7 時ちょうどから搭乗が始まります。

（機内にて）

C：お客さまはご飯がよろしいでしょうか、それとも麺がよろしいでしょうか？

A：ご飯をください。

C：お飲み物は何がよろしいでしょうか？

A：アップルジュースを一杯ください。すみませんが、新聞はありますか？

C：ございます。少しお待ちください。シートベルトを締めてください。

举一反三

1.【办～手续】bàn shǒu xù：手続きを行う。

我要办手续。 Wǒ yào bàn shǒu xù

私は手続きをしたいです。

我要办登机手续。 Wǒ yào bàn dēng jī shǒu xù

私は搭乗手続きをしたいです。

（替换词）退房，入住，入境，入学
tuì fáng rù zhù rù jìng rù xué

2.【行李】xíng li：〔名詞〕荷物。

Q：您有要托运的行李吗？ Nín yǒu yào tuō yùn de xíng li ma

Q：お客さまは託送する荷物はございますか？

A：这件行李要托运。 Zhè jiàn xíng li yào tuō yùn

A：この荷物を託送したいです。

（替换词）寄存，搬运，申报
jì cún bān yùn shēn bào

3.【拿好～】ná hǎo：ちゃんと持つ、しっかりと受け取る。

请拿好登机牌。 Qǐng ná hǎo dēng jī pái

搭乗券を受け取ってください。

（替换词）飞机票，钥匙，早餐券
fēi jī piào yào shi zǎocān quàn

4.【开始～】kāi shǐ：〔動詞〕～が始まる、～を始める。

Q：几点开始登机？ Jǐ diǎn kāi shǐ dēng jī

Q：搭乗は何時からですか？

A：七点整开始登机。 Qī diǎn zhěng kāi shǐ dēng jī

A：7時ちょうどから搭乗が始まります。

（替换词）早餐，晚餐，办手续
zǎocān wǎncān bàn shǒu xù

60

5．【A 还是 B?】：〔選択疑問文〕A であるか、それとも B であるか？

Q：您要米饭，还是 面条？　　　　Q：お客さまはご飯がよろしいですか、それとも麺がよろしいですか？

A：请给我米饭。　　　　　　　　　A：ご飯をください。

（替换词）牛肉 / 鱼，啤酒 / 葡萄酒，苹果汁 / 橘汁

6．【请给我～】：私に～をください。私に～をさせてください。

请 给我米饭。　　　　　　　　　　ご飯をください。

（替换词）牛肉，啤酒，苹果 汁

请 给我一杯果汁。　　　　　　　　ジュースを一杯ください。

（替换词）啤酒，葡萄酒，中 国茶，咖啡

请 给我看看。　　　　　　　　　　私にちょっと見せてください。

（替换词）听听，尝 尝，试试

7．【要～】：〔助動詞〕～したい。

您要喝什么？　　　　　　　　　　お客さまは何を飲まれますか？

（替换词）吃，买，看，找，换

8．【动词＋好】：ちゃんと～、よく～、～しておく。

请系好安全带。　　　　　　　　　シートベルトを締めておいてください。

请放好小桌板。　　　　　　　　　座席のテーブルを戻しておいてください。

请 准备好飞机票。　　　　　　　　航空券を用意しておいてください。

问 路
Wèn Lù

对话

🎧32

A：我 迷 路 了。请 问, 现 在 我 在 地 图 的 什 么 位 置?
Wǒ mí lù le Qǐng wèn xiàn zài wǒ zài dì tú de shén me wèi zhì

B：在 这 里。
Zài zhè li

A：附 近 有 便 利 店 吗?
Fù jìn yǒu biàn lì diàn ma

B：医 院 的 旁 边 有 一 个。
Yī yuàn de páng biān yǒu yí ge

A：到 那 里 怎 么 走?
Dào nà li zěn me zǒu

B：请 一 直 走。在 第 二 个 十 字 路 口, 往 右 拐。
Qǐng yì zhí zǒu Zài dì èr ge shí zì lù kǒu wǎng yòu guǎi

A：离 这 儿 远 吗?
Lí zhè r yuǎn ma

B：不 太 远, 走 五 分 钟, 就 到 了。
Bú tài yuǎn zǒu wǔ fēn zhōng jiù dào le

A：谢 谢 您。
Xiè xie nín

B：不 客 气。
Bú kè qì

生词

1	路	lù	〔名詞〕道
2	迷路	mílù	〔動詞〕迷子になる
3	位置	wèizhi	〔名詞〕位置
4	附近	fùjìn	〔名詞〕付近
5	医院	yīyuàn	〔名詞〕病院
6	旁边	pángbiān	〔方位名詞〕そば.隣
7	怎么	zěnme	〔疑問代詞〕どうやって.どのように
8	走	zǒu	〔動詞〕行く.歩く
9	一直	yìzhí	〔副詞〕真っすぐに.ずっと
10	十字路口	shízìlùkǒu	〔名詞〕十字路
11	往	wǎng	〔介詞〕～へ（方向を表す）
12	右	yòu	〔方位名詞〕右
13	拐	guǎi	〔動詞〕曲がる
14	离	lí	〔介詞〕～から～まで（2点間の隔たりを表す）
15	远	yuǎn	〔形容詞〕遠い
16	不太	bútài	〔副詞〕あまり～ではない
17	到	dào	〔動詞〕着く.到着する
18	车站	chēzhàn	〔名詞〕駅
19	博物馆	bówùguǎn	〔名詞〕博物館
20	美术馆	měishùguǎn	〔名詞〕美術館
21	美发店	měifàdiàn	〔名詞〕美容室
22	洗手间	xǐshǒujiān	〔名詞〕御手洗
23	宾馆	bīnguǎn	〔名詞〕ホテル
24	前面	qiánmian	〔方位名詞〕先.前
25	红绿灯	hónglǜdēng	〔名詞〕信号
26	拐角	guǎijiǎo	〔名詞〕曲がり角
27	入口	rùkǒu	〔名詞〕入り口
28	邮局	yóujú	〔名詞〕郵便局
29	巴士	bāshì	〔名詞〕バス
30	地铁	dìtiě	〔名詞〕地下鉄
31	出租车	chūzūchē	〔名詞〕タクシー
32	骑	qí	〔動詞〕またがって乗る
33	自行车	zìxíngchē	〔名詞〕自転車

日文译文

A：私は迷子になりました。すみませんが、今、私はこの地図のどの位置にいますか？

B：ここにいます。

A：近くにコンビニはありますか？

B：病院のそばに一つがあります。

A：そこまでどうやって行くのですか？

B：ここを真っすぐ行ってください。2番目の十字路を、右に曲がってください。

A：ここから遠いですか？

B：あまり遠くないです。歩いて5分ぐらいで着きます。

A：ありがとうございました。

B：どういたしまして。

举一反三　　　　　　　　　　　　　　　　　　　🎧33

1. 【～在哪里？】：～はどこにあるか？ （位置を表す）
_{zài nǎ li}

_{Qǐngwèn　biàn lì diàn zài nǎ li}
Q：请问，便利店在哪里？　　　Q：すみませんが、コンビニはどこに
　　　　　　　　　　　　　　　　　　　　ありますか？

_{Biàn lì diàn zài qián miàn}
A：便利店在前面。　　　　　A：コンビニはこの先にあります。

> _{yínháng　chē zhàn　bó wù guǎn　měishù guǎn}
> （替换词）银行，车站，博物馆，美术馆

2. 【附近有～】：近くに～がある。（存在を表す）
_{fù jìn yǒu}

_{Fù jìn yǒu biàn lì diàn ma}
Q：附近有便利店吗？　　　　　Q：近くにコンビニはありますか？

_{Yī yuàn de pángbiān yǒu biàn lì diàn}
A：医院的旁边有便利店。　　A：病院の隣にコンビニがあります。

> _{měi fà diàn　kā fēi diàn　xǐ shǒujiān　yín háng}
> （替换词）美发店，咖啡店，洗手间，银行

3. 【到～怎么走？】：～までどうやって行くか？ （道順を尋ねる）
_{dào　zěnmezǒu}

_{Dào biàn lì diàn zěnmezǒu}
Q：到便利店怎么走？　　　　　Q：コンビニまでどうやって行きますか？

_{Qǐng yì zhí zǒu}
A：请一直走。　　　　　　　A：真っすぐ行ってください。

> _{bīn guǎn　tú shū guǎn　bó wù guǎn　měishù guǎn}
> （替换词）宾馆，图书馆，博物馆，美术馆

4. 【往右拐】：右に曲がる。
_{wǎngyòuguǎi}
_{Dào qiánmian de shí zì lù kǒu　wǎngyòuguǎi}
到前面的十字路口，往右拐。この先の十字路まで行ったら、右に曲がって
　　　　　　　　　　　　　　　　ください。

> _{hóng lǜ dēng　guǎijiǎo　rù kǒu}
> （替换词）红绿灯，拐角，入口

5.【A 离 B 远】：AはBから遠い。AからBまで遠い。"离"は空間的・時間的距離を示す。

Bià lì diàn lí zhè r bú tài yuǎn
便利店离这儿<u>不太远</u>。　　　　　コンビニはここからあまり遠くありません。

（替換词）不远，很远，很近
bù yuǎn　hěn yuǎn　hěn jìn

Q：便利店离这儿远吗?　　　Q：コンビニはここから遠いですか。
Bià lì diàn lí zhè r yuǎnma

A：<u>便利店</u>离这儿不太远。　　A：コンビニはここからあまり遠くありません。
Bià lì diàn lí zhè r bú tàiyuǎn

（替換词）宾馆，车站，医院，出口
bīnguǎn　chēzhàn　yī yuàn　chū kǒu

6.【要多长时间?】：時間がどのぐらいかかるか?
yàoduōcháng shí jiān

Q：从这儿到<u>便利店</u>要多长　Q：ここからコンビニまでどのぐらい
Có zhè r dàobià lì diànyàoduōcháng
时间?　　　　　　　　　　かかりますか?
shí jiān

（替換词）邮局，银行，车站，地铁站
yóu jú　yín háng　chēzhàn　dì tiě zhàn

A：<u>走着去</u>要十分钟。　　　A：歩いて10分かかります。
Zǒuzhe qù yào shí fēn zhōng

（替換词）坐巴士，坐地铁，坐出租车，骑自行车
zuò bā shì　zuò dì tiě　zuòchū zū chē　qí zì xíngchē

7.【怎么～?】：〔疑問代詞〕どうやって?どのように?（手段や方法を尋ねる）
zěnme

Q：你怎么去?　　　　　　　Q：あなたはどうやって行きますか?
Nǐ zěnme qù

A：我<u>走着</u>去。　　　　　　A：私は歩いて行きます。
Wǒzǒuzhe qù

Q：你怎么来的?　　　　　　Q：あなたはどうやって来ましたか?
Nǐ zěnme lái de

A：我<u>走着</u>来的。　　　　　A：私は歩いて来ました。
Wǒzǒuzhe lái de

（替換词）坐巴士，坐地铁，坐出租车，骑自行车，开车
zuò bā shì　zuò dì tiě　zuòchū zū chē　qí zì xíngchē　kāi chē

Zuò Chū Zū Chē
坐 出 租 车

对话

🎧34

A：Huān yíng chéng chē Nín qù nǎ li
欢 迎 乘 车。您 去 哪 里？

B：Qǐng dào shǒu dū guó jì jī chǎng Dà yuē yào duō cháng shí jiān
请 到 首 都 国 际 机 场。大 约 要 多 长 时 间？

A：Rú guǒ bù dǔ chē de huà yào sān shí fēn zhōng zuǒ yòu
如 果 不 堵 车 的 话，要 三 十 分 钟 左 右。

B：Chē fèi dà yuē yào duō shǎo qián
车 费 大 约 要 多 少 钱？

A：Yì bǎi wǔ shí kuài zuǒ yòu
一 百 五 十 块 左 右。

B：Qǐng nín kāi kuài yì diǎn r wǒ zháo jí
请 您 开 快 一 点 儿，我 着 急。

A：Nín yào gǎn fēi jī ma
您 要 赶 飞 机 吗？

B：Bù wǒ jiē kè ren Shí èr diǎn de fēi jī dào
不，我 接 客 人。十 二 点 的 飞 机 到。

A：Yí dìng lái de jí Qǐng fàng xīn ba
一 定 来 得 及。请 放 心 吧。

B：Bài tuō le
拜 托 了。

生词

1	欢迎	huānyíng	〔動詞〕	歓迎する
2	乘车	chéngchē	〔動詞〕	乗車する
3	首都	shǒudū	〔名詞〕	首都
4	国际	guójì	〔名詞〕	国際
5	机场	jīchǎng	〔名詞〕	空港
6	大约	dàyuē	〔副詞〕	約
7	堵车	dǔchē	〔動詞〕	渋滞する
8	如果~的话	rúguǒ~dehuà	〔接続詞〕	もし~ならば(仮定を表す)
9	费	fèi	〔名詞〕	料金
10	快	kuài	〔形容詞〕	速い
11	着急	zháojí	〔形容詞〕	急ぐ. 焦る
12	赶	gǎn	〔動詞〕	間に合わせる
13	接	jiē	〔動詞〕	迎える
14	客人	kèren	〔名詞〕	お客さま
15	来得及	láidejí	〔動詞〕	間に合う
16	放心	fàngxīn	〔動詞〕	安心する

17	拜托	bàituō	〔動詞〕	頼む. お願いする
18	光临	guānglín	〔動詞〕	いらっしゃる（敬語）
19	新潟	Xīnxì	〔名詞〕	新潟
20	东京	Dōngjīng	〔名詞〕	東京
21	京都	Jīngdū	〔名詞〕	京都
22	百货店	bǎihuòdiàn	〔名詞〕	百貨店
23	顺利	shùnlì	〔形容詞〕	順調である
24	高峰时间	gāofēngshíjiān	〔名詞〕	ラッシュアワー
25	高铁	gāotiě	〔名詞〕	高速鉄道. 新幹線
26	住宿	zhùsù	〔動詞〕	宿泊する
27	注意	zhùyì	〔動詞〕	気を付ける.注意する
28	小心	xiǎoxīn	〔動詞〕	気を付ける
29	担心	dānxīn	〔動詞〕	心配する
30	紧张	jǐnzhāng	〔形容詞〕	緊張している
31	害怕	hàipà	〔動詞〕	怖がる.恐れる.怖くなる
32	送	sòng	〔名詞〕	見送る. 送る

日文译文

A：いらっしゃいませ。お客さまはどちらに行かれますか？

B：首都国際空港までお願いします。大体どのくらいかかりますか？

A：もし渋滞しなければ、30分ぐらいかかります。

B：料金は大体いくらですか？

A：150元ぐらいです。

B：ちょっと速くお願いします。急いでいますので。

A：お客さまは飛行機の時間に間に合わせたいのですか？

B：いいえ、お客さまを出迎えます。12時の飛行機で到着予定です。

A：きっと間に合います。ご安心ください。

B：お願いします。

举一反三

1.【欢迎】：〔動詞〕歓迎する。

Huān yíng chéng chē
欢 迎 乘 车。　　　　　　　　　　ご乗車ありがとうございます。

Huān yíng guāng lín
欢 迎 光 临。　　　　　　　　　　いらっしゃいませ。

Huān yíng guāng lín Rì běn
欢 迎 光 临日本。　　　　　　　　ようこそ日本へ。

> Xīn xì　Dōng jīng　Jīng dū　Shàng hǎi
> （替换词）新 潟，东 京，京 都，上 海

2.【到】：〔動詞〕～へ行く。～に到着する。

Qǐng dào shǒu dū jī chǎng
请 到 首 都 机 场。　　　　　　　首都空港までお願いします。

> bīn guǎn　fàn diàn　chāo shì　bǎi huò diàn
> （替换词）宾 馆，饭 店，超 市，百 货 店

3.【大约要～】：大体～かかる。

Dà yuē yào duō cháng shí jiān
Q：大约要多 长 时间?　　　Q：大体どのくらいかかりますか？

Dà yuē yào bàn ge xiǎo shí
A：大约要半个小时。　　　A：大体 30 分ぐらいかかります。

Dà yuē yào jǐ ge xiǎo shí
Q：大约要几个小时?　　　Q：大体何時間かかりますか？

Dà yuē yào liǎng ge xiǎo shí
A：大约要两个小时。　　　A：大体 2 時間ぐらいかかります。

Dà yuē yào jǐ fēn zhōng
Q：大约要几分 钟 ?　　　Q：大体何分かかりますか？

Dà yuē yào wǔ fēn zhōng
A：大约要五分 钟。　　　A：大体 5 分ぐらいかかります。

4.【如果～的话】：〔接続詞〕もし～ならば。（仮定を表す）

Rú guǒ bù dǔ chē de huà　yào sān shí fēn zhōng
如果不堵车的话，要三十分 钟　もし渋滞がなければ、30 分ぐらいかかります。
zuǒ yòu
左右。

> shùn lì　gāo fēng shí jiān　bú xià yǔ　bú xià xuě
> （替换词）顺 利，高 峰 时 间，不 下 雨，不 下 雪

68

5．【～大约要多少钱？】：～大体いくらかかるか？

dà yuē yào duōshǎoqián

Chē fèi dà yuē yào duōshǎoqián
Q：车费大约要多少钱？　　　　Q：タクシー代は大体いくらかかりますか？

Dà yuē yào liǎngbǎi kuài
A：大约要两百块。　　　　　　A：大体200元かかります。

（替换词）飞机票，高铁票，住宿费，手续费
fēi jī piào　gāo tiě piào　zhù sù fèi　shǒu xù fèi

6．【～一点儿】：少し。動詞や形容詞の後に用いて、「不定量」を表す。

yì diǎn r

Qǐngnín kāikuài yì diǎn r
请您开快一点儿。　　　　　　少し速く運転してください。

（替换词）开慢，走快，走慢，注意，小心
kāi màn　zǒu kuài　zǒu màn　zhù yì　xiǎoxīn

7．【请不要～】：～をしないでください。

qǐng bú yào

Wǒzháo jí
Q：我着急。　　　　　　　　　Q：私は急ぎます。

Qǐng bú yàozháo jí　Yí dìngméiwèn tí
A：请不要着急。一定没问题。A：急がないでください。きっと大丈夫です。

（替换词）担心，紧张，害怕
dānxīn　jǐn zhāng　hài pà

8．【赶】：〔動詞〕間に合わせる。

gǎn

Wǒyàogǎn fēi jī
我要赶飞机。　　　　　　　　私は飛行機の時間に間に合わせなければならない。

（替换词）巴士，地铁，高铁
bā shì　dì tiě　gāo tiě

9．【客人】：〔名詞〕お客さま。

kè ren

Wǒ jiē kè ren
我接客人。　　　　　　　　　私はお客さまを迎えます。

（替换词）送，等，找，见
sòng　děng　zhǎo　jiàn

第15课　买衣服

Mǎi Yī Fu

对话

🎧36

A：请问，这件衣服可以试试吗？
Qǐng wèn zhè jiàn yī fu kě yǐ shì shi ma

B：请吧。试衣间在前面。
Qǐng ba Shì yī jiān zài qián miàn

A：这件有点儿大，有小一号的吗？
Zhè jiàn yǒu diǎn r dà yǒu xiǎo yí hào de ma

B：白色的没有小号的。蓝色的怎么样？
Bái sè de méi yǒu xiǎo hào de Lán sè de zěn me yàng

A：蓝色的也可以。多少钱？
Lán sè de yě kě yǐ Duō shǎo qián

B：一百八十块。
Yì bǎi bā shí kuài

A：太贵了。便宜一点儿吧。
Tài guì le Pián yi yì diǎn r ba

B：已经打八折了，不能讲价。
Yǐ jīng dǎ bā zhé le bù néng jiǎng jià

A：那，我去别的店看一看。
Nà wǒ qù bié de diàn kàn yi kan

B：请等一等。一百七十块怎么样？
Qǐng děng yi děng Yì bǎi qī shí kuài zěn me yàng

A：好，我买了。
Hǎo wǒ mǎi le

B：这样子最流行，包您满意。
Zhè yàng zi zuì liú xíng bāo nín mǎn yì

生词

1	衣服	yīfu	〔名詞〕服
2	试衣间	shìyījiān	〔名詞〕試着室
3	号	hào	〔名詞〕サイズ
4	白色	báisè	〔名詞〕白
5	蓝色	lánsè	〔名詞〕青
6	贵	guì	〔形容詞〕(値段が) 高い
7	便宜	piányi	〔形容詞〕安い
8	已经	yǐjīng	〔副詞〕既に. もう
9	打折	dǎzhé	〔動詞〕割り引く
10	能	néng	〔助動詞〕できる
11	讲价	jiǎngjià	〔動詞〕値段の交渉をする
12	别的	biéde	〔指示代詞〕別の
13	样子	yàngzi	〔名詞〕形. 格好
14	流行	liúxíng	〔動詞〕流行する. はやる
15	包	bāo	〔動詞〕保証する
16	满意	mǎnyì	〔形容詞〕満足している
17	穿	chuān	〔動詞〕着る. はく
18	脱	tuō	〔動詞〕脱ぐ

19	衬衫	chènshān	〔名詞〕シャツ
20	裤子	kùzi	〔名詞〕ズボン
21	裙子	qúnzi	〔名詞〕スカート
22	旗袍	qípáo	〔名詞〕チャイナドレス
23	鞋	xié	〔名詞〕靴
24	肥	féi	〔形容詞〕(服・靴などが) ゆったりしている
25	瘦	shòu	〔形容詞〕(服・靴などが) 小さくて窮屈である
26	长	cháng	〔形容詞〕長い
27	短	duǎn	〔形容詞〕短い
28	款式	kuǎnshì	〔名詞〕様式. デザイン
29	牌子	páizi	〔名詞〕ブランド. 銘柄
30	设计	shèji	〔名詞〕設計. デザイン
31	颜色	yánsè	〔名詞〕色
32	红色	hóngsè	〔名詞〕赤
33	绿色	lǜsè	〔名詞〕緑
34	黄色	huángsè	〔名詞〕黄色

日文译文

A：すみません、この服を試着してもいいですか？

B：どうぞ。試着室はこの先にあります。

A：これはちょっと大きいので、一つ下のサイズはありますか？

B：白の小さいサイズはありません。青はいかがですか？

A：青でもいいです。いくらですか？

B：180元です。

A：高すぎます。ちょっと安くしてください。

B：すでに2割引きですので、これ以上は値段の交渉ができません。

A：それなら、他の店に行ってみます。

B：少しお待ちください。170元はいかがですか？

A：分かりました。買います。

B：このデザインは一番流行しているものです。きっとご満足していただけます。

举一反三

1 . 【穿】^{chuān}：〔動詞〕（衣服を）着る。（靴や靴下を）はく。

    穿 衣服。^{Chuān yī fú}   服を着る。

    脱衣服。^{Tuō yī fu}   服を脱ぐ。

> （替换词）衬衫，裤子，裙子，鞋 ^{chènshān kù zi qún zi xié}

2 . 【可以】^{kě yǐ}：〔助動詞〕～できる。（可能を表す）～してもよい。～してよろしい。（許可を表す）

    Q：这件衣服可以试 穿 吗？^{Zhèjiàn yī fu kě yǐ shì chuānma}   Q：この服を試着してもいいですか？

    A：请 吧。^{Qǐng ba}   A：どうぞ。

> （替换词）衬 衫，裤子，裙子，旗 袍 ^{chèn shān kù zi qún zi qí páo}

3 . 【有点儿】^{yǒudiǎn r}：〔副詞〕少し。（程度を表す）

    这个有 点 儿大。^{Zhè ge yǒudiǎn r dà}   これは少し大きい。

    这件衣服有点儿大。^{Zhèjiàn yī fu yǒudiǎn r dà}   この服は少し大きい。

    这 双 鞋有点儿大。^{Zhèshuāng xié yǒudiǎn r dà}   この靴は少し大きい。

> （替换词）小，肥，瘦，长，短 ^{xiǎo féi shòu cháng duǎn}

4 . 【颜色】^{yán sè}：〔名詞〕色、カラー。中国語の"脸色"は顔色を意味する。

    Q：你喜 欢 什么颜色？^{Nǐ xǐ huanshénme yán sè}   Q：あなたは何色が好きですか？

    A：我喜 欢 蓝色。^{Wǒ xǐ huanlán sè}   A：私は青が好きです。

> （替换词）红色，黄 色，绿色，白色，黑色，灰色 ^{hóng sè huáng sè lǜ sè bái sè hēi sè huī sè}

5．【流行】：〔動詞〕流行する、はやる。

　Q：现在流行什么款式？
　<small>Xiàn zài liú xíng shén me kuǎn shì</small>

Q：今はどんなデザインが流行していますか？

　A：这个款式是最流行的。
　<small>Zhè ge kuǎn shì shì zuì liú xíng de</small>

A：このデザインが流行しています。

> （替换词）颜色，牌子，设计
> <small>yán sè　pái zi　shè jì</small>

6．【适合】：〔動詞〕（実際の状況や客観的な要求に）適合する、ふさわしい。

　Q：这个颜色怎么样？
　<small>Zhè ge yán sè zěn me yàng</small>

Q：この色はいかがですか？

　A：这个颜色最适合您。
　<small>Zhè ge yán sè zuì shì hé nín</small>

A：この色はお客さまにピッタリです。

> （替换词）款式，牌子，设计，大小，长短
> <small>kuǎn shì　pái zi　shè jì　dà xiǎo　cháng duǎn</small>

7．【贵】：〔形容詞〕（値段が）高い。

　Q：太贵了，便宜一点儿吧。
　<small>Tài guì le　pián yi yì diǎn r ba</small>

Q：高すぎます。少し安くしてください。

　A：已经打八折了，不能讲价。
　<small>Yǐ jīng dǎ bā zhé le　bù néng jiǎng jià</small>

A：すでに２割引きですので、これ以上は値段の交渉ができません。

> （替换词）再便宜了
> <small>zài pián yi le</small>

小栏目 楽学漢詩❺

漢詩のリズムとメロディーで中国語の発音を楽しみましょう。

绝句二首（其二）
<small>Jué Jù Èr Shǒu　qí èr</small>

（唐）杜甫
<small>Táng　Dù Fǔ</small>

江碧鸟逾白，山青花欲燃。
<small>Jiāng bì niǎo yú bái　shān qīng huā yù rán</small>

今春看又过，何日是归年。
<small>Jīn chūn kàn yòu guò　hé rì shì guī nián</small>

〔日本語訳〕青緑の河に映えて、水面に浮かぶ鳥はますます白く見える。山が青くして、赤い花が燃え上がる炎のように咲き誇っている。今春は見る見るうちに過ぎ去ろうとしているが、いつふるさとへ帰れるものだろうか。

- -

〔解説〕これは杜甫（とほ、712 年 -770 年）による五言絶句の詠物詩。春の色鮮やかな景色に、異郷を旅する者の感傷を加え、春の色彩と郷愁が対照をなしており、詩句の味わいが深い。

Zài Fàn Diàn
在饭店

对话 ⬛38

A：欢迎光临! 您几位？
Huān yíng guāng lín　Nín jǐ wèi

B：两个人。不吸烟。
Liǎng gè rén　Bù xī yān

A：请坐。这是菜单。
Qǐng zuò　Zhè shì cài dān

B：这里的拿手菜是什么？
Zhè li de ná shǒu cài shì shén me

A：什么都拿手。今天的大闸蟹非常新鲜。
Shén me dōu ná shǒu　Jīn tiān de dà zhá xiè fēi cháng xīn xiān
清蒸大闸蟹怎么样？
Qīng zhēng dà zhá xiè zěn me yàng

B：好，要一个。再来一个凉菜，一个炒青菜，
Hǎo yào yí ge　Zài lái yí ge liáng cài　yí ge chǎo qīng cài
一个鸡蛋汤。
yí ge jī dàn tāng

A：好的。您还要什么？
Hǎo de　Nín hái yào shén me

B：有什么主食？
Yǒu shén me zhǔ shí

A：米饭、炒饭、饺子、包子，都有。
Mǐ fàn chǎo fàn jiǎo zi bāo zi dōu yǒu

B：来半斤饺子吧。
Lái bàn jīn jiǎo zi ba

A：好的。您要酒水吗？
Hǎo de　Nín yào jiǔ shuǐ ma

B：先来一瓶青岛啤酒。
Xiān lái yì píng Qīng dǎo pí jiǔ

A：好的，请稍等。
Hǎo de　qǐng shāo děng

生词

1	位	wèi	〔量詞〕敬意を持って人を数える
2	吸	xī	〔動詞〕吸う
3	烟	yān	〔名詞〕タバコ
4	菜单	càidān	〔名詞〕メニュー
5	拿手	náshǒu	〔形容詞〕得意である
6	大闸蟹	dàzháxiè	〔名詞〕上海ガニ
7	新鲜	xīnxiān	〔形容詞〕新鮮である
8	清蒸	qīngzhēng	〔名詞〕蒸し料理
9	凉菜	liángcài	〔名詞〕サラダ
10	青菜	qīngcài	〔名詞〕野菜．野菜料理
11	鸡蛋	jīdàn	〔名詞〕卵
12	汤	tāng	〔名詞〕スープ
13	主食	zhǔshí	〔名詞〕主食
14	饺子	jiǎozi	〔名詞〕餃子
15	包子	bāozi	〔名詞〕中華まん

16	斤	jīn	〔量詞〕500グラム（重量単位）
17	酒水	jiǔshuǐ	〔名詞〕飲み物
18	瓶	píng	〔名詞〕瓶〔量詞〕本（瓶入りのものを数える）
19	青岛	Qīngdǎo	〔名詞〕青島（中国の地名）
20	发票	fāpiào	〔名詞〕領収書
21	甜点	tiándiǎn	〔名詞〕スイーツ．デザート
22	餐巾纸	cānjīnzhǐ	〔名詞〕紙ナプキン
23	特色菜	tèsècài	〔名詞〕お薦め料理
24	龙虾	lóngxiā	〔名詞〕伊勢エビ．ロブスター
25	狮子头	shīzitóu	〔名詞〕大きな肉団子
26	点	diǎn	〔動詞〕注文する
27	点心	diǎnxin	〔名詞〕点心．デザート
28	冰	bīng	〔名詞〕氷．アイス

日文译文

A：いらっしゃいませ。何名様ですか？

B：二人です。タバコは吸いません。

A：おかけになってください。メニューをどうぞ。

B：こちらのお薦め料理は何ですか？

A：どれもお薦めです。今日の上海ガニはとても新鮮です。上海ガニの蒸し料理はいかがですか？

B：いいですね。一つください。それから、サラダを一つ、野菜炒めを一つ、卵スープを一つください。

A：かしこまりました。ほかに何がよろしいでしょうか？

B：主食は何がありますか？

A：ご飯、炒飯、餃子、中華まん、何でもあります。

B：餃子を 250 グラムください。

A：かしこまりました。お飲み物はいかがですか？

B：とりあえず青島ビールを一本ください。

A：かしこまりました。少しお待ちください。

举一反三

1. 【请给我～】 *qǐng gěi wǒ*：私に～をください。

Q：请给我菜单。 *Qǐng gěi wǒ càidān*　　　　Q：メニューをください。

A：好，给您。 *Hǎo　gěi nín*　　　　A：かしこまりました。どうぞ。

> （替换词）酒水单， 甜点单， 发票， 餐巾纸
> *jiǔ shuǐ dān　tiándiǎn dān　fā piào　cān jīn zhǐ*

2. 【拿手菜】 *ná shǒu cài*：〔名詞〕得意料理、お薦め料理。

Q：这里的拿手菜是什么？ *Zhè li de ná shǒu cài shì shénme*　Q：こちらのお薦め料理は何ですか？

> （替换词）特色菜， 好吃的菜， 好喝的茶
> *tè sè cài　hào chī de cài　hǎo hē de chá*

A：什么都拿手。 *Shénme dōu ná shǒu*　　　　A：どれもお薦めです。

> （替换词）好吃， 好喝， 新鲜， 便宜
> *hào chī　hǎo hē　xīn xiān　pián yi*

3. 【我向您推荐～】 *wǒ xiàng nín tuī jiàn*：私はお客さまに～をお薦めする。

Q：大闸蟹怎么样？ *Dà zhá xiè zěn me yàng*　　Q：上海ガニはいかがですか？

A：我向您推荐清蒸大闸蟹。 *Wǒ xiàng nín tuī jiàn qīngzhēng dà zhá xiè*　A：私はお客さまに上海ガニの蒸し料理をお薦めします。

> （替换词）鲤鱼， 龙虾， 狮子头
> *lǐ yú　lóng xiā　shī zi tóu*

4. 【还～】 *hái*：〔副詞〕その上、他に。（増加・拡大を表す）

Q：您还要什么？ *Nín hái yào shénme*　　Q：お客さまは他に何をご注文しますか？

A：请给我这个。 *Qǐng gěi wǒ zhè ge*　　A：これをください。

> （替换词）吃， 喝， 点， 尝
> *chī　hē　diǎn　cháng*

76

5．【菜单】：〔名詞〕メニュー、献立。

_{cài dān}

Q：有什么主食？
_{Yǒu shén me zhǔ shí}

Q：主食は何がありますか？

A：有很多。请看菜单。
_{Yǒu hěn duō　Qǐng kàn cài dān}

A：いろいろございます。メニューを
　　ご覧ください。

（替换词）凉菜，肉菜，鱼菜，青菜，点心
_{liáng cài　ròu cài　yú cài　qīng cài　diǎn xīn}

6．【先来〜】：まず、〜をください。
_{xiān lái}

Q：先来一瓶青岛啤酒。
_{Xiān lái yì píng Qīngdǎo pí jiǔ}

Q：とりあえず、青島ビールを一本ください。

A：好的，请稍等。
_{Hǎo de　qǐng shāo děng}

A：かしこまりました。少しお待ちください。

（替换词）两杯生啤酒，两杯热茶，两杯冰茶
_{liǎng bēi shēng pí jiǔ　liǎng bēi rè chá　liǎng bēi bīng chá}

小栏目　楽学単語

味道：酸，甜，苦，辣，咸，麻辣
_{wèi dào　suān　tián　kǔ　là　xián　má là}

调味料：油，盐，酱，醋，糖，酱油，蚝油，香油
_{tiáo wèi liào　yóu　yán　jiàng　cù　táng　jiàng yóu　háo yóu　xiāng yóu}

烹饪法：蒸，煮，烹，炸，煎，炒，炖，烧，烤
_{pēng rèn fǎ　zhēng　zhǔ　pēng　zhá　jiān　chǎo　dùn　shāo　kǎo}

第17课

Dǎ　Diàn　Huà

打 电 话

对话　　　　　　　　　　　　　　🎧40

Nín hǎo zhè li shì Běi jīng fàn diàn
A：您 好，这 里 是 北 京 饭 店。

Wéi qǐng zhuǎn
B：喂，请 转 1523。

Nín zhǎo nǎ wèi
A：您 找 哪 位？

Wǒ zhǎo Rì běn lái de Tián zhōng xiānsheng
B：我 找 日 本 来 的 田 中 先 生。

Hǎo de qǐng shāoděng Duì bu qǐ méi rén jiē
A：好 的，请 稍 等。对 不 起，没 人 接。

Nà wǒ zài dǎ Xiè xie
B：那，我 再 打。谢 谢。

Bú kè qì
A：不 客 气。

*****

Nín hǎo zhè lǐ shì Shàng hǎi mào yì gōng sī
C：您 好，这 里 是 上 海 贸 易 公 司。

Wéi wǒ shì Xīn xì shāng shè de Tián zhōng Qǐng wèn Wáng zǒng
D：喂，我 是 新 潟 商 社 的 田 中。 请 问，王 总
jīng lǐ zài bu zài
经 理 在 不 在？

Tā chū qù kāi huì le
C：他 出 去 开 会 了。

Tā shén me shí hòu huí gōng sī
D：他 什 么 时 候 回 公 司？

Tā yù dìng xià wǔ huí lái Nín yào liú yán ma
C：他 预 定 下 午 回 来。您 要 留 言 吗？

Qǐng zhuǎn gào tā wǒ dǎ guo diàn huà
D：请 转 告 他 我 打 过 电 话。

Hǎo de
C：好 的。

生词

1	打	dǎ	〔動詞〕（電話を）かける
2	电话	diànhuà	〔名詞〕電話
3	这里	zhèli	〔指示代詞〕ここ．こちら
4	北京	Běijīng	〔名詞〕北京
5	喂	wéi	〔感嘆詞〕もしもし（呼びかけに用いる）
6	转	zhuǎn	〔動詞〕取り次ぐ
7	哪位	nǎwèi	〔疑問代詞〕どなた
8	接	jiē	〔動詞〕（電話に）出る
9	商社	shāngshè	〔名詞〕商社
10	总经理	zǒngjīnglǐ	〔名詞〕総経理．社長
11	出去	chūqù	〔動詞〕出て行く．外出する
12	开会	kāihuì	〔動詞〕会議に出席する
13	预定	yùdìng	〔名詞〕予定 〔動詞〕予定する
14	留言	liúyán	〔動詞〕伝言する
15	转告	zhuǎngào	〔動詞〕代わって伝える．伝言する
16	过	guo	〔助詞〕～をしたことがある（経験を表す）
17	占线	zhànxiàn	〔動詞〕（電話が）話し中である
18	上班	shàngbān	〔動詞〕出勤する
19	下班	xiàbān	〔動詞〕退社する
20	加班	jiābān	〔動詞〕残業する
21	出差	chūchāi	〔動詞〕出張する
22	休假	xiūjià	〔動詞〕休暇を取る
23	开完会	kāiwánhuì	〔動詞〕会議が終わる
24	号码	hàomǎ	〔名詞〕番号
25	手机	shǒujī	〔名詞〕携帯電話
26	有事	yǒushì	〔動詞〕用事がある

日文译文

A：こんにちは。こちらは北京飯店です。

B：もしもし、電話を 1523 号室につないでください。

A：どなたにおかけですか？

B：日本から来た田中さんにかけたいですが。

A：かしこまりました。少しお待ちください。すみませんが、どなたもお出になりません。

B：それでは、またかけます。ありがとうございました。

A：どういたしまして。

＊＊＊＊＊

C：こんにちは。こちらは上海貿易会社です。

D：もしもし、私は新潟商社の田中ですが、王社長さんはいらっしゃいますか？

C：王は会議に出かけております。

D：いつ頃、会社に戻られるのですか？

C：午後帰ってくる予定です。伝言はございますか？

D：私が電話したことを王社長さんに伝えてください。

C：かしこまりました。

举一反三

🎧41

1. 【这里是〜】（zhè li shì）：こちらは〜です。

您好，这里是北京饭店。（Nínhǎo zhè li shì Běijīngfàndiàn）

こんにちは。こちらは北京飯店でございます。

（替换词）上海贸易公司，新潟商社（Shànghǎimào yì gōng sī　Xīn xì shāngshè）

2. 【转】（zhuǎn）：〔動詞〕取り次ぐ。

请转1523。（Qǐng zhuǎn）

内線1523につないでください。

（替换词）1062，756

3. 【找】（zhǎo）：〔動詞〕探す、求める、訪ねる。〜に用がある。

Q：您找哪位？（Nínzhǎo nǎwèi）

Q：どなたにおかけですか？

A：我找王先生。（Wǒzhǎo Wángxiānsheng）

A：私は王さんにかけたいです。

（替换词）田中小姐，孙总经理（Tiánzhōngxiǎo jiě　Sūnzǒng jīng lǐ）

4. 【占线】（zhànxiàn）：〔動詞〕（電話が）話し中である。

对不起，占线。（Duì bu qǐ　zhàn xiàn）

申し訳ございません。ただ今使用中です。

（替换词）没人接，他不在（méirén jiē　tā bù zài）

5. 【在不在？】（zài bu zài）：〔反復疑問文〕いるか？

Q：请问，王总经理在不在？（Qǐng wèn Wáng zǒng jīng lǐ zài bu zài）

Q：すみませんが、王社長さんはいらっしゃいますか？

A：他出去开会了。（Tā chū qù kāi huì le）

A：彼は会議に出かけております。

（替换词）下班，回家，出差，休假（xiàbān　huí jiā　chūchāi　xiū jià）

80

6. 【什么时候~?】shénme shí hòu :〔疑問代詞〕いつ~?

Q：他 什 么 时 候 回来? Tā shénme shí hòu huí lái
Q：彼はいつ帰ってきますか？

（替换词）在 公 司, 开 完 会, 上 班, 加 班 zài gōng sī　kāi wánhuì　shàng bān　jiā bān

A：他 预 定 下午 回 公 司。 Tā yù dìngxià wǔ huígōng sī
A：彼は午後会社に戻る予定です。

（替换词）三点, 明 天, 半 小 时 以 后 sāndiǎn　míngtiān　bànxiǎo shí yǐ hòu

7. 【留言】liú yán :〔名詞〕伝言、メッセージ。〔動詞〕伝言する。

Q：您 要 留 言 吗? Nínyào liú yánma
Q：ご伝言はございますか？

A：请 转 告 他我打过电话。 Qǐngzhuǎngào tā wǒ dǎ guodiànhuà
A：私から電話があったことを彼にお伝え
　　ください。

（替换词）给 我 打 电 话, 我 的 电 话 号 码, 我 的 手 机 号 码, 我 有 事 gěiwǒdǎdiànhuà　wǒdediànhuàhàomǎ　wǒ de shǒu jī hàomǎ　wǒ yǒushì

小栏目 芋づる式語彙増強ゲーム❶

"电脑"diànnǎoの意味は、「コンピュータ」ですが、以下の言葉の意味を当てながら、遊んでみてください。

电脑桌, 台式电脑, 个人电脑, 苹果电脑, 电脑软件, diànnǎo zhuō　tái shì diànnǎo　gè rén diànnǎo　píng guǒ diànnǎo　diànnǎoruǎn jiàn

电脑病毒, 电脑黑客, 电脑空间, 电脑游戏 diàn nǎobìng dú　diàn nǎo hēi kè　diàn nǎo kōngjiān　diàn nǎoyóu xì

第18课

Yù Dìng Bīn Guǎn
预订宾馆

对话 🎧42

Nín hǎo zhè lǐ shì Shàng hǎi bīn guǎn
A：您好，这里是上海宾馆。

Wéi qǐng wèn shí wǔ hào yǒu kòng fáng ma
B：喂，请问，十五号有空房吗？

Nín yào dān rén fáng hái shì shuāng ré fáng
A：您要单人房，还是双人房？

Yí ge dān rén fáng
B：一个单人房。

Cóng shí wǔ hào zhù dào jǐ hào
A：从十五号住到几号？

Dào shí bā hào zǎo shang Zhù sān tiān
B：到十八号早上。住三天。

Nín zhēn xìng yùn zhèng hǎo yǒu yí ge kòng dān rén fáng
A：您真幸运，正好有一个空单人房。

Shì cháo yáng de fáng jiān ma
B：是朝阳的房间吗？

Duì Shí qī lóu fēng jǐng hěn hǎo
A：对。十七楼，风景很好。

Nà wǒ yào yù dìng
B：那，我要预订。

Nín guì xìng Diàn huà hào mǎ shì duō shǎo
A：您贵姓？电话号码是多少？

Wǒ jiào Tián zhōng Yáng zǐ Diàn huà hào mǎ shì
B：我叫田中洋子。电话号码是123-4567。

生词

1	空房	kòngfáng	〔名詞〕空き部屋
2	单人房	dānrénfáng	〔名詞〕シングルルーム
3	双人房	shuāngrénfáng	〔名詞〕ツインルーム
4	住	zhù	〔動詞〕住む．泊まる
5	幸运	xìngyùn	〔形容詞〕幸運である
6	正好	zhènghǎo	〔副詞〕ちょうど
7	空	kòng	〔形容詞〕空いている 〔動詞〕空ける
8	朝阳	cháoyáng	〔名詞〕南向き
9	房间	fángjiān	〔名詞〕部屋
10	楼	lóu	〔名詞〕ビル 〔量詞〕建物の階．フロア
11	风景	fēngjǐng	〔名詞〕風景、眺め
12	贵姓	guìxìng	〔敬語〕お名前．ご芳名

13	座位	zuòwèi	〔名詞〕席
14	经济舱	jīngjìcāng	〔名詞〕エコノミークラス
15	商务舱	shāngwùcāng	〔名詞〕ビジネスクラス
16	靠窗	kàochuāng	〔名詞〕窓側
17	靠过道	kàoguòdào	〔名詞〕通路側
18	西餐	xīcān	〔名詞〕西洋料理．洋食
19	中餐	zhōngcān	〔名詞〕中国料理
20	桌子	zhuōzi	〔名詞〕テーブル
21	单间	dānjiān	〔名詞〕個室
22	景色	jǐngsè	〔名詞〕景色
23	电梯	diàntī	〔名詞〕エレベーター
24	楼梯	lóutī	〔名詞〕階段
25	环境	huánjìng	〔名詞〕環境
26	空气	kōngqì	〔名詞〕空気

日文译文 ———————————

A：こんにちは。こちらは上海ホテルです。

B：もしもし、すみませんが、15日に空き部屋はありますか？

A：シングルルームですか、それともツインルームですか？

B：シングルルームを一部屋お願いします。

A：15日から何日までご宿泊しますか？

B：18日の朝まで、3泊します。

A：お客さまはラッキーですね。ちょうど空いているシングルが一部屋ございます。

B：南向きの部屋ですか？

A：そうです。17階で、眺めはいいです。

B：では、そちらを予約します。

A：お名前と電話番号を教えてください。

B：田中洋子と申します。電話番号は123-4567です。

举一反三

1. 【预订】yù dìng :〔動詞〕予約する。

我要预订<u>房间</u>。
Wǒyào yù dìngfángjiān

私は部屋を予約したいです。

（替换词）<u>飞机票</u>，电影票，晚餐
fēi jī piào diàn yīng piào wǎncān

2. 【空】kòng :〔形容詞〕空いている。

Q：明天有空房吗？
Míngtiānyǒukòngfángma

Q：明日、空き部屋はありますか？

A：有一个。
Yǒu yí ge

A：一つございます。

（替换词）房间，座位
fángjiān zuòwèi

3. 【A 还是 B?】hái shì :〔選択疑問文〕A であるか、それとも B であるか？

Q：您要<u>单人房</u>，还是<u>双人房</u>？
Nínyàodānrénfáng hái shì shuāngrénfáng

Q：お客さまはシングルルームがよろしいでしょうか、それともツインルームがよろしいでしょうか？

A：请给我<u>单人房</u>。
Qǐng gěi wǒdānrénfáng

A：シングルをお願いします。

（替换词）经济舱／商务舱，靠窗／靠过道，西餐／中餐
jīng jì cāng shāng wù cāng kàochuāng kàoguòdào xī cān zhōngcān

4. 【住】zhù :〔動詞〕住む．泊まる。

Q：您住到<u>几号</u>？
Nínzhùdào jǐ hào

Q：お客さまは何日までご宿泊なさいますか？

A：我住到<u>十八号早上</u>。
Wǒzhùdào shí bā hàozǎoshang

A：私は 18 日朝まで泊まります。

（替换词）星期五，后天
xīng qī wǔ hòutiān

Q：您一共住<u>几天</u>？
Nín yí gòngzhù jǐ tiān

Q：全部で何日間ご滞在なさいますか？

A：我一共住<u>三天</u>。
Wǒ yī gòngzhùsāntiān

A：全部で 3 日間滞在します。

（替换词）几个星期／两个星期，几个月／两个月，几年／两年
jǐ ge xīng qī liǎng ge xīng qī jǐ ge yuè liǎng ge yuè jǐ nián liǎngnián

5.【正好】zhènghǎo：〔副詞〕ちょうど、都合よく。〔形容詞〕ちょうどいい。

Nín zhēn xìng yùn！ Zhènghǎo yǒu yí ge
您 真 幸 运！ 正 好 有 一 个
kòng dānrén fáng
空 单 人 房。

お客さまはとてもラッキーです。ちょうど空いて
いるシングルルームが一つございます。

（替换词）zuò wèi, zhuō zi, dān jiān
座位, 桌子, 单间

6.【房间】fángjiān：〔名詞〕部屋。

Wǒ yào cháoyáng de fángjiān
我 要 朝 阳 的 房 间。

私は南向きの部屋が欲しいです。

（替换词）dà, jǐng sè hǎo, lí diàn tī jìn, lí lóu tī jìn
大, 景色好, 离电梯近, 离楼梯近

7.【怎么样?】zěnmeyàng：〔疑問代詞〕いかがですか？どうですか？

Fēng jǐng zěnme yàng
Q：风 景 怎 么 样？

Q：景色はいかがですか？

Fēng jǐng hěnhǎo bāo nín mǎn yì
A：风 景 很 好。包 您 满 意。

A：景色はとてもいいです。きっとご満足いた
だけます。

（替换词）zǎocān, dà xiǎo, huánjìng, kōng qì
早餐, 大小, 环境, 空气

8.【号码】hàomǎ：〔名詞〕番号。

Nín de diànhuà hàomǎ shì duōshǎo
您的 电 话 号 码 是 多 少？

お客さまの電話番号は何番ですか？

（替换词）shǒu jī, fáng jiān, hù zhào
手机, 房间, 护照

Bīn Guǎn Rù Zhù
宾馆入住

对话 🎧44

Wǒ yào bàn rù zhù shǒu xù
A：我 要 办 入 住 手 续。

Nín yù dìng le ma
B：您 预 订 了 吗？

Wǒ jiào Tián zhōng Yáng zǐ   yù dìng le yí ge dān rén fáng jiān
A：我 叫 田 中 洋 子，预 订 了 一 个 单 人 房 间。

Qǐng chū shì nín de hù zhào
B：请 出 示 您 的 护 照。

Gěi nín
A：给 您。

Qǐng tián xiě dēng jì dān
B：请 填 写 登 记 单。

Hǎo
A：好。

Qǐng xiān fù yā jīn   Nín yòng xiàn jīn hái shì xìn yòng kǎ
B：请 先 付 押 金。您 用 现 金 还 是 信 用 卡？

Wǒ yòng xìn yòng kǎ
A：我 用 信 用 卡。

Zhè shì fáng jiān yào shi hé zǎo cān quàn
B：这 是 房 间 钥 匙 和 早 餐 券。

Zǎo cān zài jǐ lóu
A：早 餐 在 几 楼？

Zài yī lóu kā fēi tīng cóng liù diǎn dào jiǔ diǎn
B：在 一 楼 咖 啡 厅，从 六 点 到 九 点。

生词

1	填写	tiánxiě	〔動詞〕記入する
2	登记	dēngjì	〔動詞〕登録する.チェックインをする
3	付	fù	〔動詞〕支払う
4	押金	yājīn	〔名詞〕前金
5	用	yòng	〔動詞〕使う.用いる
6	现金	xiànjīn	〔名詞〕現金
7	信用卡	xìnyòngkǎ	〔名詞〕クレジットカード
8	券	quàn	〔名詞〕券
9	咖啡厅	kāfēitīng	〔名詞〕カフェ
10	标准间	biāozhǔnjiān	〔名詞〕スタンダードルーム
11	套房	tàofáng	〔名詞〕スイートルーム
12	房费	fángfèi	〔名詞〕部屋代. 家賃
13	服务	fúwù	〔名詞〕サービス 〔動詞〕サービスする
14	支付	zhīfù	〔動詞〕支払う

15	支付宝	zhīfùbǎo	〔名詞〕アリペイ
16	微信	wēixìn	〔名詞〕WeChat
17	商务	shāngwù	〔名詞〕ビジネス
18	中心	zhōngxīn	〔名詞〕センター
19	按摩	ànmó	〔動詞〕按摩する.マッサージをする
20	购物	gòuwù	〔名詞〕ショッピング 〔動詞〕買い物をする
21	午餐	wǔcān	〔名詞〕昼食
22	开门	kāimén	〔動詞〕戸(ドア)を開ける.開店する
23	关门	guānmén	〔動詞〕戸(ドア)を閉める.閉店する
24	营业	yíngyè	〔動詞〕営業する
25	房卡	fángkǎ	〔名詞〕部屋のカードキー
26	优惠券	yōuhuìquàn	〔名詞〕優待券. クーポン
27	入场券	rùchǎngquàn	〔名詞〕入場券

日文译文

A：チェックインをお願いします。

B：ご予約はなさいましたか？

A：田中洋子と申します。シングルルームを一部屋予約しました。

B：パスポートを見せてください。

A：どうぞ。

B：宿泊カードにご記入ください。

A：分かりました。

B：前金を先にお支払いください。お支払いは現金ですか、それともクレジットカードですか？

A：クレジットカードで。

B：こちらは部屋の鍵と朝食券です。

A：朝食は何階ですか？

B：1階のカフェで、6時から9時までです。

举一反三

45

1. 【入住】rù zhù：〔名詞〕チェックイン。〔動詞〕入居する。宿泊する。チェックインする。

Wǒyàobàn rù zhùshǒu xù
我要办入住手续。　　　　　　　　私はチェックインの手続きをしたいです。

（替换词）登机，申报，入境，免税
dēng jī　shēnbào　rù jìng　miǎnshuì

2. 【预订了～】yù dìng le：予約した。

Wǒ yù dìng le yí ge dānrénfángjiān
我预订了一个单人房间。　　　　　私はシングルルームを一つ予约しました。

（替换词）标准间，单间，座位
biāozhǔnjiān　dānjiān　zuòwèi

3. 【付】fù：〔動詞〕支払う。

Qǐng fù qián
请付钱。　　　　　　　　　　　　お金を払ってください。

（替换词）押金，住宿费，车费，服务费，电话费
yā jīn　zhù sù fèi　chē fèi　fú wù fèi　diànhuà fèi

Q：您怎么支付？
Nínzěnme zhī fù　　　　　　　　Q：お支払いはどうなさいますか？

A：我用现金支付。
Wǒyòngxiàn jīn zhī fù　　　　　　A：私は現金で払います。

（替换词）信用卡，支付宝，微信
xìn yòng kǎ　zhī fù bǎo　wēixìn

4. 【～在几楼？】zài jǐ lóu：～は何階にあるか？

Q：午餐在几楼？
Wǔcānzài jǐ lóu　　　　　　　　Q：昼食は何階ですか？

A：在一楼。
Zài yī lóu　　　　　　　　　　A：1階でございます。

（替换词）咖啡厅，健身房，商务中心，按摩中心，购物中心
kā fēitīng jiànshēnfángshāngwùzhōngxīn　ànmózhōngxīn gòuwùzhōngxīn

88

5. 【开门】kāi mén：〔動詞〕戸（ドア）をあける。開店する。

Q：咖啡厅几点开门？
Kā fēi tīng jǐ diǎn kāi mén

Q：カフェは何時に開店しますか？

A：六点开门，二十点关门。
Liù diǎn kāi mén　　èr shí diǎn guān mén

A：6時に開店、20時に閉店致します。

（替换词）餐厅，健身房，商务中心，按摩中心，购物中心
cāntīng jiànshēnfáng shāngwùzhōngxīn àn mózhōngxīn gòuwùzhōngxīn

6. 【营业】yíng yè：〔動詞〕営業する。

咖啡厅每天24小时营业。
Kā fēi tīng měitiān　xiǎo shí yíng yè

カフェは24時間営業します。

（替换词）餐厅，健身房，商务中心，按摩中心，购物中心
cāntīng jiànshēnfáng shāngwùzhōngxīn àn mózhōngxīn gòuwùzhōngxīn

7. 【这是您的～】zhè shì nín de：こちらはお客さまの～です。

这是您的房间钥匙。
Zhè shì nín de fángjiānyào shi

こちらはお客さまのルームキーとなります。

（替换词）房卡，早餐券，优惠券，入场券
fáng kǎ　zǎocān quàn　yōuhuì quàn　rù chǎng quàn

小栏目 芋づる式語彙増強ゲーム❷

"费"fèi は、日本語の「費」ですが、以下の言葉の意味を当てながら、遊んでみてください。

学费，交通费，生活费，伙食费，医药费，水费，电费，
xué fèi　jiāotōng fèi　shēnghuó fèi　huǒ shí fèi　yī yào fèi　shuǐ fèi　diàn fèi

会费，经费，浪费，消费，费用，免费
huì fèi　jīng fèi　làng fèi　xiāo fèi　fèi yòng　miǎn fèi

Bīn Guǎn Tuì Fáng

宾馆退房

对话

46

Wǒ yào tuì fáng Qǐng bāng wǒ bān xíng li
A：我 要 退 房。请 帮 我 搬 行 李。

Hǎo xíng li shēng mǎ shàng jiù qù
B：好，行 李 生 马 上 就 去。

Xiè xie zhè shì fáng kǎ
A：谢 谢，这 是 房 卡。

Nín zài fáng jiān li dǎ guó jì diàn huà le ma
B：您 在 房 间 里 打 国 际 电 话 了 吗？

Dǎ le
A：打 了。

Zhè shì diàn huà fèi yòng dān qǐng què rèn
B：这 是 电 话 费 用 单，请 确 认。

Hǎo méi wèn tí
A：好，没 问 题。

Bīng xiāng li de yǐn liào nín yòng le ma
B：冰 箱 里 的 饮 料 您 用 了 吗？

Méi yòng
A：没 用。

Sān tiān de zhù sù fèi jiā bǎi fēn zhī shí wǔ de fú wù fèi zài jiā
B：三 天 的 住 宿 费，加 百 分 之 十 五 的 服 务 费，再 加
guó jì diàn huà fèi yí gòng kuài Rén mín bì
国 际 电 话 费，一 共 1650 块 人 民 币。

Hǎo wǒ yòng xìn yòng kǎ fù
A：好，我 用 信 用 卡 付。

Qǐng chā kǎ Qǐng qiān zì Xièxie nín Huānyíng nín xià cì guāng lín
B：请 插 卡。请 签 字。谢 谢 您。欢 迎 您 下 次 光 临。

生词

1	帮	bāng	〔動詞〕手伝う. 助ける	16	洗衣服	xǐyīfu	〔動詞〕洗濯する
2	搬	bān	〔動詞〕運ぶ	17	服务员	fúwùyuán	〔名詞〕サービス係
3	行李生	xínglishēng	〔名詞〕ベルボーイ	18	按摩师	ànmóshī	〔名詞〕マッサージ師
4	马上	mǎshàng	〔副詞〕すぐに	19	插	chā	〔動詞〕差し込む
5	费用	fèiyòng	〔名詞〕費用. 料金	20	忘	wàng	〔動詞〕忘れる
6	问题	wèntí	〔名詞〕問題.質問.トラブル	21	钱包	qiánbāo	〔名詞〕財布
7	没问题	méiwèntí	〔常套語〕問題ない.大丈夫だ	22	照相机	zhàoxiàngjī	〔名詞〕カメラ
8	冰箱	bīngxiāng	〔名詞〕冷蔵庫	23	计算	jìsuàn	〔動詞〕計算する
9	里	lǐ	〔方位名詞〕中. 内部. 内側	24	餐饮费	cānyǐnfèi	〔名詞〕飲食費
10	饮料	yǐnliào	〔名詞〕飲み物	25	使用	shǐyòng	〔動詞〕使用する
11	加	jiā	〔動詞〕足す. プラスする	26	输入	shūrù	〔動詞〕入力する
12	百分之	bǎifēnzhī	〔数詞〕100分の(～つ).～パーセント	27	密码	mìmǎ	〔名詞〕暗証番号
13	服务费	fúwùfèi	〔名詞〕サービス料	28	扫	sǎo	〔動詞〕かざす.(ほうきで)掃く
14	签字	qiānzì	〔動詞〕サインする.署名する	29	二维码	èrwéimǎ	〔名詞〕QRコード
15	下次	xiàcì	〔名詞〕この次. 次回				

日文译文 ————————————————————————

A：私はチェックアウトをしたいですが、荷物を運んでくれますか？

B：かしこまりました。ベルボーイがただ今参ります。

A：ありがとうございます。部屋のカードキーをどうぞ。

B：お客さまはお部屋で国際電話をおかけになりましたか？

A：はい、かけました。

B：こちらは電話料金の明細書です。ご確認ください。

A：はい、大丈夫です。

B：お客さまは冷蔵庫の中の飲み物をお飲みになりましたか？

A：いいえ。

B：3泊の宿泊料、プラス15％のサービス料、それに国際電話料金、全部で
　　1,650元となります。

A：クレジットカードで払います。

B：カードを差し込んでください。サインしてください。ありがとうございました。
　　またのお越しをお待ちしております。

举一反三

47

1. 【我要～】（wǒyào）：私は～をしたい。

我要退房。（Wǒyào tuì fáng）　　　　　私はチェックアウトをしたいです。

> （替换词）入住（rù zhù），按摩（àn mó），洗衣服（xǐ yī fú），预订出租车（yù dìngchū zū chē）

2. 【请帮我～】（qǐngbāngwǒ）：～を手伝ってください。

请帮我搬行李。（Qǐngbāng wǒ bān xíng li）　　　　荷物運びを手伝ってください。

> （替换词）拿（ná），寄存（jì cún），托运（tuōyùn）

3. 【～马上就到】（mǎshàng jiù dào）：～がすぐ来ます。

行李生马上就到。（Xíng li shēngmǎshàng jiùdào）　　　ベルボーイがただ今参ります。

> （替换词）服务员（fú wùyuán），按摩师（àn móshī），医生（yī shēng），翻译（fān yì）

4. 【在房间里～】（zài fángjiān li）：部屋の中で～。

我在房间里打了国际电话。（Wǒzàifángjiān li dǎ le guó jì diàn huà）　　私は部屋の中で国際電話をかけました。

> （替换词）看了电视（kàn le diàn shì），睡觉了（shuìjiào le），洗澡了（xǐ zǎo le）

5. 【把】（bǎ）：〔介詞〕を。

我把钥匙忘在房间里了。（Wǒ bǎ yàoshi wàng zàifáng jiān li le）　　私は鍵を部屋の中に忘れました。

> （替换词）护照（hù zhào），钱包（qiánbāo），早餐券（zǎocānquàn），手机（shǒu jī），照相机（zhào xiàng jī）

6. 【没喝 méi hē】：飲んでいない。飲まなかった。"喝了"の否定形。

Q：冰箱里的饮料您喝了吗？ Bīngxiāng li de yǐnliào nín hē le ma

Q：お客さまは冷蔵庫の飲み物をお飲みに なりましたか？

A：我没喝。 Wǒ méi hē

A：飲んでいません。

（替换词）房间里的酒，桌子上的茶 fángjiān li de jiǔ zhuō zi shàng de chá

7. 【确认 quèrèn】：〔動詞〕確認する。

请确认一下。 Qǐng quèrèn yí xià

少しご確認をお願いします。

（替换词）计算，点，等，想 jì suàn diǎn děng xiǎng

8. 【加 jiā】：〔動詞〕足す。プラスする。

住宿费，加百分之十五的服务 Zhù sù fèi jiā bǎi fēn zhī shí wǔ de fú wù
费，一共1650块人民币。 fèi yí gòng kuài Rénmín bì

宿泊代、プラス15%のサービス料金、全部で 1,650元となります。

（替换词）餐饮费，使用费 cān yǐn fèi shǐ yòng fèi

9. 【支付 zhī fù】：〔動詞〕支払う。以下は支払いをする際の表現。

请插卡。 Qǐng chā kǎ

カードを差し込んでください。

请输入密码。 Qǐng shū rù mì mǎ

暗証番号を入力してください。

请签字。 Qǐng qiān zì

サインをしてください。

请扫二维码。 Qǐng sǎo èr wéimǎ

QRコードをかざしてください。

请给我发票。 Qǐng gěi wǒ fā piào

領収書をください。

Yóu Lǎn Běi Jīng
游览北京

对话 🎧48

Nǐ lái Běi jīng jǐ tiān le
A：你来北京几天了？

Wǒ lái Běi jīng liǎng tiān le
B：我来北京两天了。

Nǐ yǐ qián lái guo Běi jīng ma
A：你以前来过北京吗？

Méi lái guo zhè cì shì wǒ dì yī cì lái Zhōng guó
B：没来过，这次是我第一次来中国。

Nǐ qù nǎ xiē dì fang le
A：你去哪些地方了？

Wǒ qù le Tiān'ān mén hé Gù gōng
B：我去了天安门和故宫。

Nǐ dēng Cháng chéng le ma
A：你登长城了吗？

Wǒ běn lái dǎ suàn zuó tiān qù kě shì yīn wéi xià yǔ méi néng qù
B：我本来打算昨天去，可是，因为下雨，没能去。

Yǒu shí jiān yí dìng yào qù Cháng chéng kàn kan
A：有时间，一定要去长城看看。

Nǐ hái tuī jiàn nǎ xiē jǐng diǎn
B：你还推荐哪些景点？

Xiāng shān Tiān tán Shí sān líng shén me de Hǎo wán r de dì
A：香山、天坛、十三陵什么的。好玩儿的地
fang kě duō le
　方可多了。

Wǒ yí dìng qù kàn kan
B：我一定去看看。

生词

1	游览	yóulǎn	〔動詞〕観光する
2	以前	yǐqián	〔方位名詞〕以前.今まで
3	第一次	dìyīcì	〔数量詞〕初めて
4	哪些	nǎxiē	〔疑問代詞〕どの（複数）
5	地方	dìfang	〔名詞〕ところ.場所
6	天安门	Tiān'ānmén	〔名詞〕天安門
7	故宫	Gùgōng	〔名詞〕故宮
8	登	dēng	〔動詞〕登る
9	长城	Chángchéng	〔名詞〕万里の長城
10	本来	běnlái	〔副詞〕本来.元々
11	打算	dǎsuàn	〔助動詞〕~するつもりである
12	可是	kěshì	〔接続詞〕でも.しかし
13	推荐	tuījiàn	〔動詞〕推薦する.薦める
14	景点	jǐngdiǎn	〔名詞〕観光スポット

15	香山	Xiāngshān	〔名詞〕香山
16	天坛	Tiāntán	〔名詞〕天壇
17	十三陵	Shísānlíng	〔名詞〕十三陵
18	什么的	shénmede	〔名詞〕などなど
19	好玩儿	hǎowánr	〔形容詞〕面白い
20	可	kě	〔副詞〕(程度の高いことを強調する)
21	晴空塔	Qíngkōngtǎ	〔名詞〕スカイツリー
22	迪士尼乐园	Díshìnílèyuán	〔名詞〕ディズニーランド
23	名胜古迹	míngshènggǔjì	〔名詞〕名所旧跡
24	美食	měishí	〔名詞〕美食.グルメ.おいしい食べ物
25	感冒	gǎnmào	〔動詞〕風邪をひく
26	不舒服	bùshūfu	〔形容詞〕体調が悪い
27	机会	jīhuì	〔名詞〕機会

日文译文

A：あなたは北京に来て何日になりましたか？

B：私は北京に来て2日になりました。

A：今まで北京に来たことはありますか？

B：いいえ、今回は初めて中国に来ました。

A：どんな所に行きましたか？

B：天安門と故宮に行きました。

A：万里の長城は登りましたか？

B：昨日行くつもりでしたが、雨が降ったので、行けませんでした。

A：時間があったら、ぜひ万里の長城に行ってみてください。

B：ほかにお薦めの観光スポットはありますか？

A：香山、天壇、十三陵など。面白い所はたくさんありますよ。

B：ぜひ見に行きたいです。

举一反三　　

1．【～几天了？】：～をして何日になったか？　（時間の経過を尋ねる）

　　jǐ tiān le

　　Q：你来北京几天了？　　　　　Q：あなたは北京に来て何日になりましたか？
　　Nǐ lái Běijīng jǐ tiān le

　　A：我来北京两天了。　　　　　A：私は北京に来て2日になりました。
　　Wǒ lái Běijīng liǎng tiān le

> （替换词）几个星期／两个星期，几个月／两个月，几年／两年
> jǐ ge xīng qī　liǎng ge xīng qī　jǐ ge yuè　liǎng ge yuè　jǐ nián　liǎng nián

2．【来过】：来たことがある。（経験を表す）

　　lái guo

　　Q：你以前来过北京吗？　　　　Q：あなたは今まで、北京に来たことはありますか？
　　Nǐ yǐ qián lái guo Běijīng ma

　　A：我以前没来过北京。　　　　A：私は今まで、北京に来たことはありません。
　　Wǒ yǐ qián méi lái guo Běijīng

> （替换词）东京，新潟，上海
> Dōng jīng　Xīn xì　Shàng hǎi

3．【第几次？】：〔疑問代詞〕何回目？

　　dì jǐ cì

　　Q：这次是你第几次来中国？　　Q：あなたが中国に来るのは何回目ですか？
　　Zhè cì shì nǐ dì jǐ cì lái Zhōngguó

　　A：这次是我第二次来中国。　　A：今回で私が中国に来るのは2回目です。
　　Zhè cì shì wǒ dì èr cì lái Zhōngguó

> （替换词）日本，东京，新潟，上海
> Rì běn　Dōng jīng　Xīn xì　Shàng hǎi

4．【哪些？】：〔疑問代詞〕どの？（複数）

　　nǎ xiē

　　Q：你去哪些地方了？　　　　　Q：あなたはどんなところに行きましたか？
　　Nǐ qù nǎ xiē dì fang le

> （替换词）哪里，哪些景点，什么地方
> nǎ li　nǎ xiē jǐng diǎn　shén me dì fang

　　A：我去了天安门和故宫。　　　A：私は天安門と故宮に行きました。
　　Wǒ qù le Tiān'ānmén hé Gùgōng

> （替换词）长城和十三陵，东京晴空塔，上海迪士尼乐园
> Chángchéng hé Shísānlíng　Dōngjīngqíngkōng tǎ　Shànghǎi dí shì ní lè yuán

Běijīng háiyǒu nǎ xiē jǐngdiǎn
北京还有哪些景点？

北京には、他にどんな観光スポットがあります
か？

（替换词）名胜古迹，美食，好玩儿的地方
míng shèng gǔ jì　měi shí　hǎowán er de dì fang

5．【本来打算～】：もともと～をするつもりだった。
bĕn lái dǎ suàn

Wǒ bĕn lái dǎ suàn zuótiān qù kě shì yīn wéi
我本来打算昨天去,可是,因为　私は昨日行くつもりでしたが、雨が降ったので、
xià yǔ méinéng qù　　　　　　　　行くことができませんでした。
下雨,没能去。

（替换词）下雪，没时间，感冒，不舒服
xiàxuě　méi shíjiān　gǎnmào　bù shū fu

6．【有时间】：時間がある。時間があれば。
yǒushí jiān

Yǒushí jiān　wǒ yí dìng yào qù Běijīng
有时间，我一定要去北京。　　　時間があれば、私は必ず北京に行きたいです。

（替换词）机会，钱
jī huì　qián

7．【～可多了】：とても多いのよ。
kě duō le

Hǎowán er de dì fang kě duō le
好玩儿的地方可多了。　　　　　楽しいところはたくさんありますよ。

（替换词）好吃的菜，好喝的茶，好看的电影
hàochī de cài　hǎo hē de chá　hǎokàn de diàn yǐng

Kàn Diàn Yǐng
看 电 影

对话 🎧50

A：最近，什么电影在中国最受欢迎？
Zuì jìn shén me diàn yǐng zài Zhōng guó zuì shòu huān yíng

B：《你好，李焕英》最火爆。春节上映以来，
Nǐ hǎo Lǐ Huàn yīng zuì huǒ bào Chūn jié shàng yìng yǐ lái

票房收入已经超过了54亿元人民币。
piào fáng shōu rù yǐ jīng chāo guò le yì yuán Rén mín bì

A：是吗？为什么？
Shì ma Wèi shén me

B：这部电影讲的是母女感情的故事，非
Zhè bù diàn yǐng jiǎng de shì mǔ nǚ gǎn qíng de gù shi fēi

常感人。电影是贾玲自导自演的。她是
cháng gǎn rén Diàn yǐng shì Jiǎ Líng zì dǎo zì yǎn de Tā shì

喜剧明星。
xǐ jù míng xīng

A：真的吗？我也想看。
Zhēn de ma Wǒ yě xiǎng kàn

B：请一定看。你一定会一边笑，一边哭。
Qǐng yí dìng kàn Nǐ yí dìng huì yì biān xiào yì biān kū

A：我最喜欢的中国电影是《我的父亲母亲》，
Wǒ zuì xǐ huan de Zhōng guó diàn yǐng shì Wǒ de fù qin mǔ qin

其中的女主角给我的印象最深。
qí zhōng de nǚ zhǔ jué gěi wǒ de yìn xiàng zuì shēn

B：那是章子怡演的。她演得很感人。
Nà shì Zhāng Zǐ yí yǎn de Tā yǎn de hěn gǎn rén

生词

1	受欢迎	shòuhuānyíng	〔形容詞〕歓迎される.人気がある
2	火爆	huǒbào	〔形容詞〕非常に人気がある
3	上映	shàngyìng	〔動詞〕上映する
4	票房收入	piàofángshōurù	〔名詞〕興行収入
5	超过	chāoguò	〔動詞〕超過する
6	部	bù	〔量詞〕本(映画や小説などを数える)
7	讲	jiǎng	〔動詞〕語る
8	故事	gùshi	〔名詞〕物語.ストーリー
9	感情	gǎnqíng	〔名詞〕感情.気持ち.仲
10	感人	gǎnrén	〔形容詞〕感動的である
11	自导自演	zìdǎozìyǎn	〔動詞〕自ら監督と主演俳優を務める
12	喜剧	xǐjù	〔名詞〕喜劇.コメディー
13	明星	míngxīng	〔名詞〕スター
14	笑	xiào	〔動詞〕笑う
15	哭	kū	〔動詞〕泣く
16	其中	qízhōng	〔方位名詞〕そのうち.その中
17	女主角	nǚzhǔjué	〔名詞〕主演女優
18	印象	yìnxiàng	〔名詞〕印象
19	深	shēn	〔形容詞〕深い

20	演	yǎn	〔動詞〕演じる
21	游戏	yóuxì	〔名詞〕ゲーム
22	演员	yǎnyuán	〔名詞〕役者.俳優
23	导演	dǎoyǎn	〔名詞〕監督.演出家 〔動詞〕監督する
24	歌手	gēshǒu	〔名詞〕歌手
25	主持人	zhǔchírén	〔名詞〕キャスター.司会者
26	得	dé	〔動詞〕受ける.もらう
27	大奖	dàjiǎng	〔名詞〕大きな賞
28	国内	guónèi	〔名詞〕国内
29	金牌	jīnpái	〔名詞〕金メダル
30	银牌	yínpái	〔名詞〕銀メダル
31	漫画	mànhuà	〔名詞〕漫画
32	动画片	dònghuàpiàn	〔名詞〕動画.アニメ映画
33	电视剧	diànshìjù	〔名詞〕テレビドラマ
34	之一	zhīyī	〔名詞〕～の一つ
35	真实	zhēnshí	〔形容詞〕偽りのない.真実である
36	生动	shēngdòng	〔形容詞〕生き生きとしている
37	精彩	jīngcǎi	〔形容詞〕精彩を放っている.素晴らしい

日文译文 ———————————————————————

A：最近、中国で一番人気があるのはどんな映画ですか。

B：『こんにちは、李煥英』が大ヒットしています。春節期間中に上映してから、興行収入は既に
54億元を超えました。

A：そうですか。それはなぜですか?

B：この映画は母娘愛の感動物語です。映画は賈玲〔ジア・リン〕が監督して主演を務めています。彼女は有名な
女性コメディアンです。

A：本当ですか? 私も観てみたいです。

B：ぜひ、観てください。あなたはきっと笑いながら、泣いてしまうでしょう。

A：私が一番好きな中国映画は『初恋の来た道』です。その中のヒロインは最も印象的です。

B：それは章子怡〔チャンツィイー〕が演じていました。彼女の演技はとても感動的でした。

举一反三

1．【受欢迎】：〔形容詞〕歓迎される。人気がある。

shòuhuānyíng

Zuì jìn　shén me diànyǐng zài Zhōngguó zuì
最近，什么 电影 在 中 国最
shòu huān yíng
受 欢 迎？

最近、どんな映画は中国で最も人気が
ありますか?

（替换词） xiǎoshuō　gē　zuòpǐn　yóu xì
小 说，歌，作品，游戏

2．【怎么样？】：〔疑問代詞〕いかがですか？どうですか？

zěn meyàng

Zhè bù diànyǐngzěn me yàng
Q：这部 电 影怎么 样？　　Q：この映画はいかがですか?

（替换词） xiǎo shuō　yīnyuè　jīng diǎn　shāngpǐn
小 说，音乐，景 点，商 品

Kànguo de réndōushuōhǎo
A：看过 的人 都 说 好。　　A：観た人は皆さんいいと言っています。

（替换词） dú guo　tīngguo　qù guo　mǎi guo
读过，听过，去 过，买 过

3．【火爆】：〔形容詞〕非常に人気がある。人気急上昇。

huǒbào

Tā shì Zhōngguó zuì huǒbào de yǎnyuá
他是 中 国最火爆的演员。　　彼は中国で最も人気の高い俳優です。

（替换词） dǎoyǎn　míng xīng　gē shǒu　zhǔchírén
导演，明 星，歌 手，主持人

4．【得奖】：賞をもらう。受賞する。

dé jiǎng

Tā dé guohěnduōguó jì dà jiǎng
他得过很多 国际大奖。　　彼はたくさんの国際大賞を取りました。

（替换词） guónèi dà jiǎng　jīn pái　yín pái
国内大 奖，金牌，银牌

5．【已经看过了】：もう見た。（完了を表す）
yǐ jīngkànguo le

Zhè bù diànyǐng wǒ yǐ jīngkànguo le
Q：这部电影我已经看过了，　　Q：この映画は私はもう観ました。あなたは？
nǐ ne
你呢？

Wǒ hái méi kàn guo　　　　　　　A：私はまだ観たことはありません。
A：我还没看过。

（替换词）小说，漫画，动画片，电视剧
xiǎoshuō mànhuà dònghuàpiàn diànshìjù

6．【之一】：〔名詞〕〜の一つ。
zhī yī

Zhè shì wǒ zuì xǐhuan de diànyǐng zhī yī
这是我最喜欢的电影之一。　　これは私の大好きな映画の一つです。

（替换词）小说，漫画，动画片，电视剧
xiǎoshuō mànhuà dònghuàpiàn diànshìjù

7．【演得〜】：演じているのが〜。
yǎn de

Nǚ zhǔjué yǎn de fēicháng gǎnrén
女主角演得非常感人。　　主演女優の演技は非常に感動的です。

（替换词）精彩，真实，生动
jīngcǎi zhēnshí shēngdòng

小栏目 芋づる式語彙増強ゲーム❸

diàn yǐng
"电影"の意味は、「映画」ですが、以下の言葉の意味を当てながら、遊んで
みてください。

diàn yǐng yuàn diàn yǐng piào diàn yǐng zhōu diàn yǐng jié diàn yǐng jiè diàn yǐng mí
电影院，电影票，电影周，电影节，电影界，电影迷，

diàn yǐng míngxīng diàn yǐng yǎnyuán diàn yǐng dǎoyǎn diàn yǐng jùběn diàn yǐng chāqǔ
电影明星，电影演员，电影导演，电影剧本，电影插曲

Kàn Jīng Jù
看 京 剧

对话 🎧52

Nǐ duì Zhōng guó de jīng jù yǒu xìng qù ma
A：你 对 中 国 的 京 剧 有 兴 趣 吗？

Méi kàn guo Tīng shuō jīng jù hěn yǒu yì si　Yǒu jī huì wǒ hěn xiǎng kàn kan
B：没 看 过。听 说 京 剧 很 有 意 思。有 机会, 我 很 想 看 看。

Jīn wǎn wǒ hé péng you yì qǐ qù kàn jīng jù nǐ xiǎng qù ma
A：今 晚, 我 和 朋 友 一起 去 看 京 剧, 你 想 去 吗？

Nà tài hǎo le　Jù míng shì shén me
B：那 太 好 了。剧 名 是 什 么？

Bà wáng bié jī hěn jīng cǎi
A：《霸 王 别 姬》, 很 精 彩。

Shì shén me jù qíng
B：是 什 么 剧 情？

Shì Zhōng guó gǔ dài yǒu míng de Xiàng Yǔ hé Liú Bāng de gù shi
A：是 中 国 古 代 有 名 的 项 羽 和 刘 邦 的 故事。
Rì yǔ lǐ yǒu　sì miàn chǔ gē　hé　bèi shuǐ yí zhàn　ba
日 语 里 有 "四 面 楚 歌" 和 "背 水 一 战" 吧。

Wǒ zhī dào zhè ge gù shi
B：我 知 道 这 个 故事。

Zhè shì jù qíng jiè shào Zuì hǎo shì xiān dú yi dú
A：这 是 剧 情 介绍。最 好 事 先 读 一 读。

Hǎo wǒ yí dìng dú
B：好, 我 一 定 读。

Wǎn shang qī diǎn kāi yǎn Wǒ liù diǎn lái jiē nǐ
A：晚 上 七 点 开 演。我 六 点 来 接 你。

Tài hǎo le wǒ děng nǐ
B：太 好 了, 我 等 你。

生词

1	京剧	jīngjù	〔名詞〕京劇
2	对	duì	〔介詞〕～に対して
3	兴趣	xìngqù	〔名詞〕興味
4	听说	tīngshuō	〔接続詞〕聞くところでは～だそうだ
5	有意思	yǒuyìsi	〔形容詞〕面白い
6	剧名	jùmíng	〔名詞〕劇のタイトル
7	剧情	jùqíng	〔名詞〕劇の筋. ストーリー
8	古代	gǔdài	〔名詞〕古代
9	有名	yǒumíng	〔形容詞〕有名である
10	项羽	XiàngYǔ	〔名詞〕項羽
11	刘邦	LiúBāng	〔名詞〕劉邦
12	四面楚歌	sìmiànchǔgē	〔成語〕四面楚歌. 敵に囲まれて孤立しているたとえ
13	背水一战	bèishuǐyízhàn	〔成語〕背水の陣を敷いて一戦を交える
14	知道	zhīdào	〔動詞〕知っている

15	介绍	jièshào	〔名詞〕紹介
			〔動詞〕紹介する
16	最好	zuìhǎo	〔副詞〕できるだけ～したほうがよい
17	事先	shìxiān	〔名詞〕事前に
18	开演	kāiyǎn	〔動詞〕開演する
19	文化	wénhuà	〔名詞〕文化
20	文学	wénxué	〔名詞〕文学
21	社会	shèhuì	〔名詞〕社会
22	内容	nèiróng	〔名詞〕内容
23	塞翁失马	sàiwēngshīmǎ	〔成語〕人間万事, 塞翁が馬. 人生の幸不幸は簡単には決めがたい
24	成语	chéngyǔ	〔名詞〕四字熟語. ことわざ
25	典故	diǎngù	〔名詞〕典故. 典拠. 故事
26	由来	yóulái	〔名詞〕由来

日文译文

A：あなたは中国の京劇に興味はありますか？

B：観たことはありません。聞くところによると、京劇はとても面白いそうです。機会があったら
観に行きたいです。

A：今晩、私は友達と一緒に京劇を観に行きますが、ご一緒にいかがですか？

B：それはいいですね。演目は何ですか？

A：『覇王別姫(は おうべっき)』。とても素晴らしいです。

B：劇の内容は何ですか？

A：中国古代有名な項羽と劉邦の物語です。日本語にも「四面楚歌」と「背水の陣」がありますよね。

B：その物語は知っています。

A：これはパンフレットです。事前に読んでおいたほうがいいですよ。

B：分かりました。必ず読みます。

A：夜7時の開演です。6時に迎えに来ます。

B：いいですね。お待ちします。

举一反三

1. yǒuxìng qù
【有兴趣】：興味がある。

Wǒ duì Zhōngguó de jīng jù yǒuxìng qù
我对 中 国的京剧有兴 趣。　　　私は中国の京劇に興味があります。

> （替换词）历史，文 化，文 学，音 乐，经济，社会
> lì shǐ　wén huà　wén xué　yīn yuè　jīng jì　shè huì

2. yǒu yì si
【有意思】：〔形容詞〕面白い。否定形は "没有意思"、"没意思"。

Tīngshuō Zhōngguó de jīng jù hěn yǒu yì si
听说 中 国的京剧很有意思。　聴くところによると、中国の京劇はとても面白いそうです。

> （替换词）历史，文 化，文学，音 乐
> lì shǐ　wén huà　wénxué　yīn yuè

3. hěn xiǎng
【很 想 ～】：とても～したいと思う。

Yǒu jī huì 　wǒ hěn xiǎng kànkan
有机会，我很 想 看看。　　機会があれば、私はとても見てみたいと思います。

> （替换词）学学，试试，听听，尝 尝
> xuéxue　shì shi　tīngting　cháng chang

4. nèi róng
【内 容】：〔名詞〕内容、コンテンツ。

Jīng jù de nèiróng shì shén me
京剧的内容是什 么?　　　京劇の内容は何ですか?

> （替换词）故事，小 说，电 影，电 视 剧
> gù shi　xiǎo shuō　diàn yǐng　diàn shì jù

5. chéng yǔ
【成 语】：〔名詞〕四字熟語、ことわざ。

Rì yǔ lǐ yě yǒu 　sì miànchǔ gē　zhè ge chéng yǔ
日语里也有 "四 面 楚歌"这个 成 语。日本語にも「四面楚歌」という四字熟語があります。

> （替换词）背 水 一 战，塞 翁 失 马
> bèi shuǐ yí zhàn　sài wēng shī mǎ

6．【知道】zhī dào：〔動詞〕知っている。

我知道这个故事。Wǒ zhī dào zhè ge gù shi

私はその物語を知っています。

（替换词）成语，典故，由来 chéng yǔ, diǎn gù, yóu lái

7．【简介】jiǎn jiè：〔名詞〕簡単な紹介・説明、案内書。

这是剧情简介。Zhè shì jù qíng jiǎn jiè

こちらは筋書きの紹介です。

（替换词）电影，音乐会，商品 diàn yǐng, yīn yuè huì, shāng pǐn

8．【最好～】zuì hǎo：〔副詞〕できるだけ～したほうがよい。

最好事先读一读。Zuì hǎo shì xiān dú yi dú

事前に読んでおいたほうがいいです。

（替换词）看一看，试一试，学一学 kàn yi kàn, shì yi shì, xué yi xué

9．【一定】yí dìng：〔副詞〕必ず。

我一定读。Wǒ yí dìng dú

私は必ず読みます。

（替换词）看，试，学 kàn, shì, xué

Zài Gōng Sī
在公司

对话　　　　　　　　　　　　　　　　🎧54

Qǐng wèn zhè ge fù yìn jī zěn me yòng
A：请 问，这 个 复 印 机 怎 么 用 ？

Zhè me yòng Nǐ yào fù yìn shén me
B：这 么 用。你 要 复 印 什 么？

Wǒ yào fù yìn huì yì zī liào
A：我 要 复 印 会 议 资 料。

Fù yìn jǐ fèn
B：复 印 几 份 ？

Yí gòng shí fèn
A：一 共 十 份。

Wǒ lái bāng nǐ ba Shén me shí hòu yòng
B：我 来 帮 你 吧。什 么 时 候 用 ？

Jīn tiān xià wǔ sān diǎn Nǐ yě cān jiā huì yì ma
A：今 天 下 午 三 点。你 也 参 加 会 议 吗?

Wǒ bù cān jiā Wǒ yào qù jī chǎng jiē cóng Rì běn lái de kè ren
B：我 不 参 加。我 要 去 机 场 接 从 日 本 来 的 客 人。

Duì le wǒ jì huà míng tiān dài tā men qù gōng chǎng cān guān
A：对 了，我 计 划 明 天 带 他 们 去 工 厂 参 观。

Xīn kǔ le Dōu fù yìn hǎo le
B：辛 苦 了。都 复 印 好 了。

Tài xiè xiè nǐ le Xià cì wǒ zì jǐ fù yìn méi wèn tí le
A：太 谢 谢 你 了。下 次，我 自 己 复 印，没 问 题 了。

Bú kè qì Hù xiāng bāng zhù
B：不 客 气。互 相 帮 助。

生词

1	复印	fùyìn	〔動詞〕コピーする
2	复印机	fùyìnjī	〔名詞〕コピー機
3	这么	zhème	〔指示代詞〕このように.こんなに
4	会议	huìyì	〔名詞〕会議
5	资料	zīliào	〔名詞〕資料
6	份	fèn	〔量詞〕~部(新聞や書類に用いる)
7	来	lái	〔助動詞〕~をさせる （積極的な姿勢を示す）
8	参加	cānjiā	〔動詞〕参加する
9	对了	duìle	〔接続詞〕そうだ（文頭に 用い,相手の注意を促す）
10	工厂	gōngchǎng	〔名詞〕工場
11	参观	cānguān	〔動詞〕見学する
12	计划	jìhuà	〔名詞〕計画 〔動詞〕計画する

13	辛苦了	xīnkǔle	〔常套語〕お疲れ様です
14	自己	zìjǐ	〔人称代詞〕自分（で）
15	互相	hùxiāng	〔副詞〕お互いに.相互に
16	教	jiāo	〔動詞〕教える
17	电脑	diànnǎo	〔名詞〕パソコン
18	空调	kōngtiáo	〔名詞〕エアコン
19	打印机	dǎyìnjī	〔名詞〕印刷機.プリンター
20	机器	jīqì	〔名詞〕機械
21	报告	bàogào	〔名詞〕報告.レポート
22	说明书	shuōmíngshū	〔名詞〕説明書
23	产品	chǎnpǐn	〔名詞〕製品.商品
24	会场	huìchǎng	〔名詞〕会場
25	市场	shìchǎng	〔名詞〕市場
26	展览会	zhǎnlǎnhuì	〔名詞〕展示会
27	打印	dǎyìn	〔動詞〕印刷する.プリントアウトする

日文译文

A：すみませんが、このコピー機はどうやって使うのですか？

B：このように使います。何をコピーしたいのですか？

A：会議資料をコピーしたいのです。

B：何部コピーしますか？

A：全部で１０部です。

B：お手伝いしましょう。いつ使いますか？

A：今日の午後３時。あなたも会議に出席しますか？

B：私は出席しません。日本から来るお客さんを迎えに空港へ行かなければなりません。

A：そういえば、私は明日、皆さんを案内して工場見学に行く予定です。

B：お疲れ様です。全部コピーできました。

A：ありがとうございました。今度、私は自分でコピーします。もう大丈夫です。

B：どういたしまして。お互いに助け合いましょう。

举一反三

55

1．【怎么用?】：どうやって使うか?

    Zhè ge fù yìn jī zěnme yòng

    Q：这个复印机怎么用？   Q：このコピー機はどうやって使いますか?

    Zhème yòng *Wǒ jiāo nǐ*

    A：这么用。我教你。   A：このように使います。私が教えましょう。

>   *diànhuà* *diànnǎo* *kōngtiáo* *dǎ yìn jī* *jī qì*
> （替换词）电话，电脑，空调，打印机，机器

2．【复印】：〔動詞〕コピーする。

    Wǒ yào fù yìn huì yì zī liào

    我要复印会议资料。   私は会議資料をコピーしたいです。

>   *bàogào* *shuōmíngshū* *chǎnpǐn jiè shào*
> （替换词）报告，说明书，产品介绍

3．【来】：〔助動詞〕～をさせる。(積極的な姿勢を示す)

    Wǒ lái bāng nǐ ba

    我来帮你吧。   私にお手伝いをさせてください。

>   *jiāo* *kàn* *děng* *jiē* *sòng*
> （替换词）教，看，等，接，送

4．【计划】：〔名詞〕計画。〔動詞〕計画する。～する予定である。

    Wǒ jì huà míngtiān qù jī chǎng jiē kè ren

    我计划明天去机场接客人。   私は明日空港へお客さまを迎えに行く予定です。

>   *chē zhàn* *bīn guǎn* *huì chǎng*
> （替换词）车站，宾馆，会场

5．【带客人参观～】：お客さまを案内して～を見学する。

    Wǒ dài kè ren cānguān gōng sī

    我带客人参观公司。   私はお客さまを案内して会社を見学します。

>   *gōng chǎng* *shì chǎng* *huì chǎng* *zhǎnlǎn huì*
> （替换词）工厂，市场，会场，展览会

6.【～好了】：～しておいた。(完了・完成を表す)

Quánbù dōu fù yìnhǎo le
全部都复印好了。　　　　　　全部コピーしておきました。

(替换词) 打印, 准备, 计划, 做, 写
dǎ yìn zhǔnbèi jì huà zuò xiě

小栏目 芋づる式語彙増強ゲーム❹

"办公" の意味は、「事務をとる、業務を行う」ですが、以下の言葉の意味を
当てながら、遊んでみてください。

bàn gōng shì　bàn gōng lóu　bàn gōng zhuō　bàn gōng yòng pǐn　bàn gōng zì dòng huà
办公室, 办公楼, 办公桌, 办公用品, 办公自动化,

bàn gōng shè bèi　bàn gōng shí jiān　bàn gōng huì yì
办公设备, 办公时间, 办公会议

Kàn Bìng

看病

对话

56

Dài fu wǒ bù shū fu
A：大夫，我不舒服。

Nǐ zěn me le
B：你怎么了？

Tóu téng ké sou
A：头疼，咳嗽。

Cóng shén me shí hòu kāi shǐ de
B：从什么时候开始的？

Cóng zuó tiān Tóu téng de yuè lái yuè lì hai
A：从昨天。头疼得越来越厉害。

Gěi nǐ liáng liang tǐ wēn ba
B：给你量量体温吧。

Duō shǎo dù
A：多少度？

Sān shí bā dù wǔ yǒudiǎn r gāo Zhāng kāi zuǐ Sǎng zi fā yán le
B：三十八度五，有点儿高。张开嘴。嗓子发炎了。

Wèi kǒu zěn me yàng
胃口怎么样？

Méi yǒu wèi kǒu shén me dōu bù xiǎng chī
A：没有胃口，什么都不想吃。

Nǐ dé le liú xíng gǎn mào
B：你得了流行感冒。

Yāo jǐn ma
A：要紧吗？

Bú yào jǐn àn shí chī yào Duō xiū xi jiù hǎo le
B：不要紧，按时吃药。多休息，就好了。

Xiè xie nín
A：谢谢您。

Qǐng duō bǎo zhòng
B：请多保重。

生词

1	看病	kànbìng	〔動詞〕診察する.診察を受ける
2	大夫	dàifu	〔名詞〕医者
3	舒服	shūfu	〔形容詞〕気持ちがいい.体調がいい
4	怎么了	zěnmele	〔疑問代詞〕どうですか.どうしましたか
5	头	tóu	〔名詞〕頭
6	疼	téng	〔形容詞〕痛い
7	咳嗽	késou	〔動詞〕咳をする
8	厉害	lìhai	〔形容詞〕ひどい
9	量	liáng	〔動詞〕測る
10	体温	tǐwēn	〔名詞〕体温
11	张开	zhāngkāi	〔動詞〕開ける
12	嘴	zuǐ	〔名詞〕口
13	嗓子	sǎngzi	〔名詞〕喉
14	发炎	fāyán	〔動詞〕炎症を起こす
15	胃口	wèikǒu	〔名詞〕食欲

16	要紧	yàojǐn	〔形容詞〕〔状況が〕厳しい.深刻である
17	按时	ànshí	〔副詞〕時間通りに
18	药	yào	〔名詞〕薬
19	保重	bǎozhòng	〔動詞〕体を大事にする
20	肚子	dùzi	〔名詞〕おなか.腹
21	发烧	fāshāo	〔動詞〕発熱する
22	牙	yá	〔名詞〕歯
23	体重	tǐzhòng	〔名詞〕体重
24	血压	xuèyā	〔名詞〕血圧
25	肠炎	chángyán	〔名詞〕腸炎
26	急性胃病	jíxìngwèibìng	〔名詞〕急性胃炎
27	严重	yánzhòng	〔形容詞〕ひどい.深刻である
28	轻	qīng	〔形容詞〕軽い
29	打针	dǎzhēn	〔動詞〕注射する
30	点滴	diǎndī	〔動詞〕点滴する

日文译文

Ａ：先生、私は体調が悪いのです。

Ｂ：どうなさいましたか？

Ａ：頭が痛くて、咳が出ます。

Ｂ：いつから始まったのですか？

Ａ：昨日から。頭痛はますますひどくなってきました。

Ｂ：体温を測ってみましょう。

Ａ：何度ですか？

Ｂ：38.5 度、ちょっと高いですね。口を開けて。喉が炎症を起こしていますね。
　　食欲はいかがですか？

Ａ：食欲はありません。何も食べたくありません。

Ｂ：インフルエンザですね。

Ａ：ひどいですか？

Ｂ：大丈夫です。時間通りに薬を飲んでください。たくさん休めば、すぐ治りますよ。

Ａ：ありがとうございました。

Ｂ：どうぞ、お大事に。

举一反三

1．【怎么了？】zěn me le : 〔疑問代詞〕どうですか？どうしましたか？

    Q：你怎么了？Nǐ zěn me le   Q：どうなさいましたか？

    A：我不舒服。Wǒ bù shū fu   A：私は体調が悪いのです。

> （替换词）头疼，肚子疼，发烧 tóu téng   dù zi téng   fā shāo

2．【从什么时候？】cóng shén me shí hòu : 〔疑問代詞〕いつから？

    Q：头疼从什么时候开始的？Tóu téng cóng shén me shí hòu kāi shǐ de   Q：頭痛はいつから始まりましたか？

> （替换词）不舒服，肚子疼，发烧，咳嗽 bù shū fu   dù zi téng   fā shāo   ké sou

    A：从昨天开始的。Cóng zuó tiān kāi shǐ de   Q：昨日から始まりました。

> （替换词）前天夜里，今天早上，三天前 qián tiān yè li   jīn tiān zǎo shang   sān tiān qián

3．【疼得厉害】téng de lì hai : 痛みがひどい。すごく痛い。

    头疼得越来越厉害。Tóu téng de yuè lái yuè lì hai   頭痛はますますひどくなりました。

> （替换词）肚子，嗓子，牙 dù zi   sǎng zi   yá

4．【量】liáng : 〔動詞〕測る。

    给你量量体温吧。Gěi nǐ liáng liang tǐ wēn ba   体温を測りましょう。

> （替换词）体重，血压 tǐ zhòng   xuè yā

5．【怎么样？】zěn me yàng : 〔疑問代詞〕いかがですか？どうですか？

    Q：胃口怎么样？Wèi kǒu zěn me yàng   Q：食欲はいかがですか？

    A：胃口还可以。Wèi kǒu hái kě yǐ   A：食欲はまあまあです。

> （替换词）食欲，体温，血压 shí yù   tǐ wēn   xuè yā

6. 【什么都不想～】：何も～したくない。
<small>shén me dōu bù xiǎng</small>

<small>Shén me dōu bù xiǎng chī</small>
什么都不想吃。　　　　　　　　何も食べたくありません。

（替换词）喝，看，说，干
<small>hē　kàn　shuō　gàn</small>

7. 【得了】：（病気）をもらった。（病気）になった。
<small>dé le</small>

<small>Nǐ dé le liú xíng gǎn mào</small>
你得了流行感冒。　　　　　　　あなたはインフルエンザになりました。

（替换词）肠炎，急性胃病
<small>cháng yán　jí xìng wèi bìng</small>

8. 【病】：〔名詞〕病気、やまい。
<small>bìng</small>

<small>Nǐ de bìng yào jǐn</small>
你的病要紧。　　　　　　　　　あなたの病気は大変です。

（替换词）严重，轻，很快能好
<small>yán zhòng　qīng　hěn kuài néng hǎo</small>

9. 【按时】：〔副詞〕時間通りに。
<small>àn shí</small>

<small>Qǐng àn shí chī yào</small>
请按时吃药。　　　　　　　　　時間通りに薬を飲んでください。

（替换词）打针，点滴，休息，睡觉
<small>dǎ zhēn　diǎn dī　xiū xi　shuì jiào</small>

10. 【就好了】：すると、よくなる。
<small>jiù hǎo le</small>

<small>Duō xiū xi jiù hǎo le</small>
多休息就好了。　　　　　　　　たくさん休めば、よくなります。

（替换词）睡觉，运动，注意
<small>shuì jiào　yùn dòng　zhù yì</small>

<small>Shǎo hē jiǔ jiù hǎo le</small>
少喝酒就好了。　　　　　　　　飲酒を控えれば、よくなります。

（替换词）吸烟，吃米饭
<small>xī yān　chī mǐ fàn</small>

第26课 写信
Xiě Xìn

课文

王智华先生：你好！
Wáng Zhì huá xiānsheng Nǐ hǎo

好久不见了，你最近好吗？
Hǎo jiǔ bú jiàn le nǐ zuì jìn hǎo ma

我在北京旅行的时候，你带我去各处观光，
Wǒ zài Běi jīng lǚ xíng de shí hou nǐ dài wǒ qù gè chù guān guāng

真的非常感谢。托你的福，我在北京过得很愉快。
zhēn de fēi cháng gǎn xiè Tuō nǐ de fú wǒ zài Běi jīng guò de hěn yú kuài

回日本后，我常常想起你。这次旅行，我有很
Huí Rì běn hòu wǒ cháng cháng xiǎng qǐ nǐ Zhè cì lǚ xíng wǒ yǒu hěn

多收获。特别是中国人热情向上，给了我深刻
duō shōu huò Tè bié shì Zhōng guó rén rè qíng xiàng shàng gěi le wǒ shēn kè

的印象。认识你是我这次旅行的最大收获。
de yìn xiàng Rèn shi nǐ shì wǒ zhè cì lǚ xíng de zuì dà shōu huò

随信寄去我们一起照的照片。有机会，请一定
Suí xìn jì qù wǒ men yì qǐ zhào de zhào piàn Yǒu jī huì qǐng yí dìng

来日本玩儿。请给你家人问好。
lái Rì běn wán r Qǐng gěi nǐ jiā rén wèn hǎo

祝你万事如意！
Zhù nǐ wàn shì rú yì

田中洋子
Tián zhōng Yáng zǐ

生词

1	信	xìn	〔名詞〕手紙
2	好久	hǎojiǔ	〔副詞〕長い間. 久しい
3	各处	gèchù	〔名詞〕各所. あちこち
4	观光	guānguāng	〔動詞〕観光する
5	托福	tuōfú	〔常套語〕おかげさまで
6	愉快	yúkuài	〔形容詞〕愉快である
7	常常	chángcháng	〔副詞〕いつも. よく. しばしば
8	想起	xiǎngqǐ	〔動詞〕思い出す
9	这次	zhècì	〔名詞〕今回
10	收获	shōuhuò	〔名詞〕収穫
11	特别是	tèbiéshì	〔副詞〕特に
12	热情	rèqíng	〔形容詞〕情熱的である. 親切である
13	向上	xiàngshàng	〔形容詞〕積極的である. 向上する
14	深刻	shēnkè	〔形容詞〕深い
15	认识	rènshi	〔動詞〕知り合う
16	最大	zuìdà	〔形容詞〕最大
17	随信	suíxìn	〔動詞〕同封する. 手紙とともに（送る）
18	寄	jì	〔動詞〕送る. 郵送する
19	问好	wènhǎo	〔動詞〕あいさつする. よろしく言う
20	万事如意	wànshìrúyì	〔成語〕万事が思い通りである
21	讲座	jiǎngzuò	〔名詞〕講座
22	活动	huódòng	〔名詞〕活動. イベント
23	见面	jiànmiàn	〔名詞〕面会 〔動詞〕面会する
24	充实	chōngshí	〔形容詞〕充実である
25	谈话	tánhuà	〔動詞〕話し合う
26	北京烤鸭	Běijīngkǎoyā	〔名詞〕北京ダック
27	好客	hàokè	〔形容詞〕ホスピタリティーのある
28	诗	shī	〔名詞〕詩

日文译文

王智華さんへ：こんにちは。

　お久しぶりです。最近お元気ですか？

　北京旅行のとき、あちこちにご案内してくださって、本当にありがとうございました。おかげさまで、私は北京で楽しく過ごしました。日本に帰った後、私はよくあなたのことを思い出します。今回の旅行で、私はたくさんの収穫がありました。特に、中国人の親切で前向きなところは、私に深い印象を与えてくれました。あなたと知り合えたことは、私の今回の旅行の最大の収穫です。

　一緒に撮った写真を同封します。機会がありましたら、ぜひ日本に遊びに来てください。ご家族の皆さんによろしくお伝えください。

　ご多幸をお祈りいたします。

田中洋子

举一反三

1. 【好久】：〔副詞〕長い間、久しい。

　　Hǎojiǔ bú jiàn le
　　好久不见了。　　　　　　　　　　　　お久しぶりです。

　　Wǒ hǎojiǔ méi huíguó le
　　我好久没回国了。　　　　　　　　　　私はしばらくの間、帰国していません。

> 　　　　　　　　*lǚ xíng*　*qù wài guó*　*jiàn péngyou*
> （替换词）旅行，去外国，见朋友

2. 【～的时候】：～の時に、～の際。

　　Wǒ zài Běijīng lǚ xíng de shíhou　*nǐ dài wǒ qù*
　　我在北京旅行的时候，你带我去　　　私が北京旅行をしていた際、あなたは私をスー
　　chāo shì mǎi dōng xi
　　超市买东西。　　　　　　　　　　　パーへ買い物に連れて行ってくれました。

> 　　　　　　　*qù bó wùguǎn cān guān qù diànyǐngyuànkàndiàn yǐng qù jù chǎngkàn jīng jù*
> （替换词）去博物馆参观，去电影院看电影，去剧场看京剧

3. 【我过得～】：私は～過ごす。（状態補語を導く）

　　Tuō nín de fú　*wǒguò de yú kuài*
　　托您的福，我过得愉快。　　　　　　おかげさまで、私は楽しく過ごしています。

> 　　　　　　*kāi xīn*　*mǎn yì*　*chōng shí*
> （替换词）开心，满意，充实

4. 【～以后】：〔方位詞〕以後、それより後。

　　Huí Rì běn yǐ hòu　*wǒchángchángxiǎng qǐ nǐ*
　　回日本以后，我常常想起你。　　　　日本に帰ってきた後、私はよくあなた
　　　　　　　　　　　　　　　　　　　のことを思い出します。

> 　　　　　　*kàn zhàopiàn*　*xué Zhōngwén*　*dú Zhōngguó lì shǐ*
> （替换词）看照片，学中文，读中国历史

5. 【有收获】：収穫がある。

　　Zhè cì lǚ xíng　*wǒyǒuhěnduōshōuhuò*
　　这次旅行，我有很多收获。　　　　今回の旅行で、私はたくさんの収穫がありました。

> 　　　　　　*jiǎng zuò*　*huó dòng*　*jiàn miàn*
> （替换词）讲座，活动，见面

　　Rènshi nǐ　*shìwǒzhè cì lǚ xíng de zuìdàshōuhuò*
　　认识你，是我这次旅行的最大收获。　　あなたと知り合えたことは、私の今回の
　　　　　　　　　　　　　　　　　　　旅行における最大の収穫です。

> 　　　　　　*dēngshàng le Chángchéng chīdào le Běijīngkǎo yā*　*zhīdào le yī xiēZhōngguó lì shǐ*
> （替换词）登上了长城，吃到了北京烤鸭，知道了一些中国历史

6．
yìn xiàng
【印象】：〔名詞〕印象、イメージ。
Tè bié shì Zhōngguórén rè qíngxiàng shàng
特别是，中国人热情向上，
gěi wǒ liú xià le shēn kè de yìn xiàng
给我留下了深刻的印象。

特に、中国人の積極的なところは、私に深い印象を与えてくれました。

Zhōngguórén de hào kè Zhōngguó de měijǐng Zhōngguó de měishí
（替换词）中国人的好客，中国的美景，中国的美食

7．
suí xìn jì qù
【随信寄去～】：～を同封する。手紙と共に～を送る。
Suí xìn jì qù wǒmen yì qǐ zhào de zhào piàn
随信寄去我们一起照的照片。私たちが一緒に撮った写真を同封します。

wǒ de quán jiā fú wǒ zuì xǐ huan de shī gěi nǐ de shēng rì kǎ
（替换词）我的全家福，我最喜欢的诗，给你的生日卡

8．
lái wán r
【来玩儿】：遊びに来る。
Yǒu jī huì qǐng yí dìng lái Rì běn wán r
有机会，请一定来日本玩儿。機会があれば、ぜひ、日本に遊びに来てください。

Dōng jīng Xīn xì wǒ jiā
（替换词）东京，新潟，我家

9．
wènhǎo
【问好】：〔動詞〕あいさつする、よろしく言う。
Qǐng dài wǒ xiàng nǐ jiā rén wènhǎo
请代我向你家人问好。ご家族によろしくお伝えください。

fù mǔ ài ren hái zi péng you
（替换词）父母，爱人，孩子，朋友

10．
zhù nǐ
【祝你～】：〔動詞〕心から願う、祈る。
Zhù nǐ wàn shì rú yì
祝你万事如意。全ての願いが叶いますようお祈りします。

gōng zuò shùn lì xué xí shùn lì jiànkāngkuài lè
（替换词）工作顺利，学习顺利，健康快乐

第27课　总复习

Zǒng Fù Xí

1．基本的語順

(1) 名詞述語文

Wǒ shì Rì běnrén
我是日本人。　　　　　　　　　　　私は日本人です。

Wǒ bú shì Zhōngguórén
我不是 中 国人。　　＊【是】を用いる。　私は中国人ではありません。

Jīn tiān shì xīng qī tiān
今天（是）星期天。　＊【是】は省略可。　今日は日曜日です。

Wǒ jīn nián shí bā suì
我今年十八岁。　　　　　　　　　　私は今年18歳です。

Xiàn zài shí diǎn
现在十点。　　　　　＊【是】を用いない。　今、10時です。

(2) 形容詞述語文

Tiān qì hǎo
天气好。　　　　　　　　　　　　　天気がいいです。

Tiān qì bù hǎo
天气不好。　　　　　　　　　　　　天気が良くありません。

Jīn tiāntiān qì hǎo
今天天气好。　　　　　　　　　　　今日は天気がいいです。

Jīn tiāntiān qì bù hǎo
今天天气不好。　　　　　　　　　　今日は天気がよくありません。

(3) 動詞述語文

Wǒ chī fàn
我吃饭。　　　　　　　　　　　　　私はご飯を食べます。

Wǒ bù chī fàn
我不吃饭。　　　　　　　　　　　　私はご飯を食べません。

Wǒ wǎnshàng zài jiā chī fàn
我晚上在家吃饭。　　　　　　　　　私は夜、家でご飯を食べます。

Wǒ yòngdiànnǎoxué xí Zhōngwén
我用电脑学习中文。　　　　　　　　私はパソコンを使って中国語を勉強します。

Tā zài dà xuégōngzuò
她在大学工作。　　　　　　　　　　彼女は大学で働きます。

Tā míngtiānkāi chē qù chāo shìmǎidōng xi
他明天开车去超市买东西。　　　　　彼は明日、車でスーパーへ買い物に行きます。

118

主 語	時 間	場 所	手 段	動 詞	間接目的語	直接目的語
我	晩 上	在 家		吃		饭
我			用电脑	学习		中 文
她		在大学		工作		
他	明 天		开 车	去	超 市	买东西

2．修飾語を表す助詞

(1)【的】＋ 名詞 （連体修飾語）
> de

　　Zhè shì wǒ de shū
　　这 是 我 的 书。　　　　　　　　　　　　これは私の本です。

　　Zhè shì xīn　　de　　shū
　　这 是 新（的）书。　＊単音節形容詞の場合、　　これは新しい本です。
　　　　　　　　　　　　しばしば「的」を省略する。

　　Zhè shì yǒu yì si de shū
　　这 是 有意思的书。　　　　　　　　　　　これは面白い本です。

　　Zhè shì wǒ xiě de shū
　　这 是 我 写 的 书。　　　　　　　　　　これは私が書いた本です。

(2)【地】＋動詞 （連用修飾語）
> de

　　Tā gāoxìng de shuō
　　他 高 兴 地 说。　　　　　　　　　　　彼はうれしそうに言います。

　　Tā rènzhēn de xué xí
　　他 认 真 地 学 习。　　　　　　　　　彼は真面目に勉強します。

　　Qǐng　kuài lái
　　请　快 来。　　＊単音節副詞の場合、　　早く来てください。
　　　　　　　　　　しばしば「地」を省略する。

(3)動詞＋【得】 （状態補語）
> de

　　Wǒ pǎo de kuài
　　我 跑 得 快。　　　　　　　　　　　　　私は走るのが速い。

　　Wǒ tángāngqíntán de hěnhǎo
　　我 弹 钢 琴 弹 得 很 好。　　　　　　　私はピアノを弾くのがとても上手です。

3．否定副詞

(1)【不】bù

Tiān qì bù hǎo
天 气 不 好。 　　　　　天気がよくありません。

Wǒ bú shì xuéshēng
我 不 是 学 生。 　　　　私は学生ではありません。

Wǒ bù chīshēng yú piàn
我 不 吃 生 鱼 片。 　　　私は刺し身を食べません。

Wǒ bù xiǎngkàndiànyǐng
我 不 想 看 电 影。 　　　私は映画を観たくありません。

(2)【没】méi（過去・状態・経験の否定を表す。）

Zuó tiān wǒ méi qù dà xué
昨 天 我 没 去 大 学。 　　　昨日、私は大学に行きませんでした。

Wǒ hái méi chī fàn ne
我 还 没 吃 饭 呢。 　　　　私はまだご飯を食べていません。

Wǒ méi qù guo Běijīng
我 没 去 过 北 京。 　　　　私は北京に行ったことがありません。

【没有】méiyǒu（"有"の否定形。しばしば"没"と略す。）

Wǒ méiyǒu shí jiān
我 没 有 时 间。 　　　　　私には時間がありません。

4．疑問代詞

Shénme
(1) 什 么 　　　　　　　　　何

Shénme shí hòu
(2) 什 么 时 候 　　　　　　いつ

Shuí 　 shénme rén
(3) 谁，什 么 人 　　　　　　誰

Nǎ li 　 shénme dì fang
(4) 哪 里，什 么 地 方 　　　どこ

Wèishénme
(5) 为 什 么 　　　　　　　　なぜ

Zěn me
(6) 怎 么 　　　　　　　　　どうやって

Zěn me yàng
(7) 怎 么 样 　　　　　　　　どう、いかが

Jǐ 　 duō shǎo
(8) 几，多 少 　　　　　　　いくつ、どのぐらい

5．人称代词

	単数		複数		
第一人称	我 (wǒ)		我们 (wǒmen)，咱们 (zánmen)		
第二人称	你 (nǐ)，您 (nín)		你们 (nǐmen)		
第三人称	他 (tā)，她 (tā)，它 (tā)		他们 (tāmen)，她们 (tāmen)，它们 (tāmen)		

6．指示代词

	単数		複数
近称	这 (zhè)，这个 (zhè ge)		这些 (zhè xiē)
远称	那 (nà)，那个 (nà ge)		那些 (nà xiē)
不定称	哪 (nǎ)，哪个 (nǎ ge)		哪些 (nǎ xiē)

7．場所代詞

	口語	書き言葉
近称	这儿 (zhè r)	这里 (zhè li)
远称	那儿 (nà r)	那里 (nà li)
不定称	哪儿 (nǎ r)	哪里 (nǎ li)

8．方位名詞（－【面】(miàn)，－【边】(biān)）

上 (shàng)，下 (xià)，左 (zuǒ)，右 (yòu)		上面 (shàng miàn)，下面 (xià miàn)，左面 (zuǒ miàn)，右面 (yòu miàn)		上边 (shàng biān)，下边 (xià biān)，左边 (zuǒbiān)，右边 (yòu biān)			
前 (qián)，后 (hòu)，里 (lǐ)，外 (wài)		前面 (qiánmiàn)，后面 (hòu miàn)，里面 (lǐ miàn)，外面 (wài miàn)		前边 (qiánbiān)，后边 (hòu biān)，里边 (lǐ biān)，外边 (wài biān)			
东 (dōng)，西 (xī)，南 (nán)，北 (běi)		东面 (dōng miàn)，西面 (xī miàn)，南面 (nán miàn)，北面 (běi miàn)		东边 (dōng biān)，西边 (xī biān)，南边 (nán biān)，北边 (běi biān)			

旁边 (páng biān)

中间 (zhōng jiān)

9. 時間名詞

<ruby>什么<rt>shén me</rt></ruby><ruby>时候<rt>shí hòu</rt></ruby>		<ruby>多<rt>duō</rt></ruby><ruby>长<rt>cháng</rt></ruby><ruby>时<rt>shí</rt></ruby><ruby>间<rt>jiān</rt></ruby>	
nǎ nián 哪 年	èr líng èr èr nián 二 零 二 二 年	jǐ nián 几 年	liǎngnián 两 年
jǐ yuè 几 月	jiǔ yuè 九 月	jǐ ge yuè 几 个 月	liǎng ge yuè 两 个 月
jǐ hào rì 几 号 (日)	èr shí jiǔ hào rì 二 十 九 号 (日)	jǐ tiān 几 天	liǎng tiān 两 天
xīng qī jǐ 星 期 几	xīng qī tiān rì 星 期 天 (日)	jǐ ge xīng qī 几 个 星 期	liǎng ge xīng qī 两 个 星 期
jǐ diǎn 几 点	liǎngdiǎn 两 点	jǐ ge xiǎo shí 几 个 小 时	liǎng ge xiǎo shí 两 个 小 时
jǐ fēn 几 分	sān shí fēn 三 十 分	jǐ fēn zhōng 几 分 钟	liǎng fēn zhōng 两 分 钟
jǐ miǎo 几 秒	shí wǔ miǎo 十 五 秒	jǐ miǎozhōng 几 秒 钟	liǎng miǎozhōng 两 秒 钟

10. 時間名詞

qián nián 前 年	qián tiān 前 天	dà shàng ge yuè 大 上 个 月	dà shàng ge xīng qī 大 上 个 星 期
qù nián 去 年	zuó tiān 昨 天	shàng ge yuè 上 个 月	shàng ge xīng qī 上 个 星 期
jīn nián 今 年	jīn tiān 今 天	zhè ge yuè 这 个 月	zhè ge xīng qī 这 个 星 期
míngnián 明 年	míng tiān 明 天	xià ge yuè 下 个 月	xià ge xīng qī 下 个 星 期
hòu nián 后 年	hòu tiān 后 天	dà xià ge yuè 大 下 个 月	dà xià ge xīng qī 大 下 个 星 期

大熊猫与朱鹮是民间大使！

11．介詞

(1) 和 <small>hé</small>　　　　　　　　　　　　　～と

  我 和 他 是 好 朋 友。
<small>Wǒ hé tā shì hǎopéngyou</small>　　　　私と彼は親友です。

(2) 与 <small>yǔ</small>　　　　　　　　　　　　　～と

  大 熊 猫 与 朱 鹮 是 民 间 大 使。
<small>Dà xióngmāo yǔ zhūhuán shì mínjiān dà shǐ</small>　パンダと朱鷺は民間大使です。

(3) 跟 <small>gēn</small>　　　　　　　　　　　　　～と．（人）について

  我 跟 他 是 好 朋 友。
<small>Wǒ gēn tā shì hǎopéngyou</small>　　　　私と彼は親友です。

  请 跟 老 师 读。
<small>Qǐng gēn lǎoshī dú</small>　　　　　　先生の後について読んでください。

(4) 在 <small>zài</small>　　　　　　　　　　　　　（場所）で

  我 在 家 休 息。
<small>Wǒ zài jiā xiū xi</small>　　　　　　私は家で休みます。

(5) 从 <small>cóng</small>　　　　　　　　　　　　（場所・時間）から

  你 从 哪 里 来？
<small>Nǐ cóng nǎ li lái</small>　　　　　　あなたはどこから来ましたか？

(6) 到 <small>dào</small>　　　　　　　　　　　　　（場所・時間）まで

  会 从 三 点 到 五 点。
<small>Huì cóng sāndiǎn dào wǔdiǎn</small>　　会議は3時から5時までです。

  从 新 潟 到 上 海 坐 飞 机 要
<small>Cóng Xīn xì dào Shànghǎi zuò fēi jī yào</small>　新潟から上海まで飛行機で3時間
三 个 小 时。
<small>sān ge xiǎoshí</small>　　　　　　　かかります。

(7) 离 <small>lí</small>　　　　　　　　　　　　　　（場所・時間）から

  这 儿 离 车 站 很 远。
<small>Zhè r lí chēzhàn hěn yuǎn</small>　　　ここから駅までは遠いです。

(8) 往 <small>wǎng</small>　　　　　　　　　　　　～に向かって．～の方へ

  请 往 右 拐。
<small>Qǐng wǎng yòu guǎi</small>　　　　　　右へ曲がってください。

(9) 朝 <small>cháo</small>　　　　　　　　　　　　～に向ける．～を向く．～に向かって

Yǒucháoyáng de fángjiānma
有朝阳的房间吗？ 　　　　　南向きの部屋はありますか？

(10) xiàng
向 　　　　　～に向かって．～へ．～に

Xìn nóngchuān liú xiàng Rì běnhǎi
信浓川流向日本海。 　　　　信濃川は日本海へ流れ込みます。

(11) gěi
给 　　　　　（相手）に．（相手）のために

Wǒ gěi nǐ dǎ diànhuà
我给你打电话。 　　　　私はあなたに電話を掛けます。

Wǒ gěi nǐ zuòshēng rì dàngāo
我给你做生日蛋糕。 　　　私はあなたのためにバースデーケーキを
作ってあげます。

(12) wèi
为 　　　　　～のために

Wǒ menwèi kè ren tí gōngyōuzhì fú wù
我们为客人提供优质服务。 　　私たちはお客さまのために上質のサー
ビスを提供します。

(13) duì
对 　　　　　～に．～に対して

Xī yānduìshēn tǐ bù hǎo
吸烟对身体不好。 　　　　喫煙は身体によくありません。

(14) guān yú
关于 　　　　　～について

Guānyú Zhōngguówénhuà wǒzhīdào de
关于中国文化，我知道的 　　　中国文化について、私は詳しく知りません。
bù duō
不多。

(15) bǎ
把 　　　　　～を

Wǒ bǎ Rì wén zī liàofān yì chéngZhōngwén
我把日文资料翻译成中文。 　私は日本語の資料を中国語に翻訳します。

(16) bèi
被 　　　　　（人）に～される

Wǒ bèi tā de gù shigǎndòng le
我被他的故事感动了。 　　　私は彼の物語に感動されました。

(17) ràng
让 　　　　　（人）に～させる

Tā de gù shiràngwǒ fēi chánggǎn dòng
他的故事让我非常感动。 　　彼の物語は私を非常に感動させてくれ
ました。

(18) shǐ
使 　　　　　（人）に～させる

Tā de gù shi shǐ wǒ fēi chánggǎn dòng
他的故事使我非常感动。 　　彼の物語は私を非常に感動させてくれ
ました。

12. 副詞

(1)	有点儿 yǒudiǎnr	ちょっと	有点儿好看。 Yǒudiǎnr hǎokàn	ちょっと綺麗です。
(2)	很 hěn	とても	很好看。 Hěn hǎokàn	とても綺麗です。
(3)	特别 tèbié	特別に	特别好看。 Tèbié hǎokàn	特別に綺麗です。
(4)	非常 fēicháng	非常に	非常好看。 Fēicháng hǎokàn	非常に綺麗です。
(5)	极 jí	極めて	极好看。 Jí hǎokàn	極めて綺麗です。
(6)	更 gèng	さらに．もっと	更好看。 Gèng hǎokàn	もっと綺麗です。
(7)	比较 bǐjiào	比較的に	比较好看。 Bǐjiào hǎokàn	比較的に綺麗です。
(8)	最 zuì	最も	最好看。 Zuì hǎokàn	最も綺麗です。
(9)	真 zhēn	本当に	真好看。 Zhēn hǎokàn	本当に綺麗です。
(10)	多么 duōme	なんと	多么好看。 Duōme hǎokàn	なんと綺麗のでしょう。
(11)	太～了 tài le	～すぎる	太好看了。 Tài hǎokàn le	綺麗すぎます。
(12)	不太～ bú tài	あまり～ない	不太好看。 Bú tài hǎokàn	あまり綺麗ではありません。

13. 助動詞

(1) 会 huì　　　～ができる
我会开车。 Wǒ huì kāichē　　　私は車を運転することができます。

(2) 能 néng　　　～ができる
我喝酒了，不能开车。 Wǒ hē jiǔ le, bù néng kāichē　　　私はお酒を飲みましたので、車を運転することができません。

(3) 可以 kěyǐ　　　～してもいい
这里可以吸烟。 Zhèlǐ kěyǐ xīyān　　　ここではタバコを吸ってもいいです。

(4) 想 xiǎng　　　～したいと思う
我想去旅行。 Wǒ xiǎng qù lǚxíng　　　私は旅行をしたいと思います。

(5)
yào
要 ~したい

Wǒ yào qù lǚ xíng
我要去旅行。 私は旅行をしたいです。

(6)
dǎ suàn
打算 ~をするつもりだ

Wǒ dǎ suàn wǔ yuè qù lǚ xíng
我打算五月去旅行。 私は5月に旅行しに行くつもりです。

(7)
yào
要 ~をしなければならない

Wǒ yào hǎo hǎo r gōngzuò
我要好好儿工作。 私はちゃんと働かなければなりません。

(8)
bì xū
必须 ~をしなければならない

Wǒ bì xū hǎo hǎo r gōngzuò
我必须好好儿工作。 私はちゃんと働かなければなりません。

(9)
děi
得 ~をしなければならない

Wǒ děi hǎo hǎo r gōngzuò
我得好好儿工作。 私はちゃんと働かなければなりません。

(10)
yīng gāi
应该 ~をすべきだ

Wǒ yīng gāi bāngzhù nǐ
我应该帮助你。 私はあなたを助けるべきです。

(11)
yuàn yì
愿意 ~を喜んでする

Wǒ yuàn yì bāngzhù nǐ
我愿意帮助你。 私は喜んであなたを助けます。

(12)
zuì hǎo
最好 ~をしたほうがいい

Nǐ zuì hǎo àn shí chī yào
你最好按时吃药。 あなたは時間どおりに薬を飲んだほうがいい。

14．経験助詞

guo
过 ~をしたことがある

Wǒ qù guo Zhōngguó
我去过中国。 私は中国に行ったことがあります。

Wǒ qù guo yí cì Zhōngguó
我去过一次中国。 私は一度、中国に行ったことがあります。

Wǒ méi qù guo Zhōngguó
我没去过中国。 私は中国に行ったことがありません。

15．比較

(1)　　AはBより＋差異

（肯定）
Wǒ bǐ tā gāo
我比他高。　　　　　　私は彼より高い。

Wǒ bǐ tā gāosāngōngfēn
我比他高三公分。　　私は彼より3センチ高い。

Wǒ bǐ tā gāo yì diǎn r
我比他高一点儿。　　私は彼より少し高い。

Wǒ bǐ tā gāoduō le
我比他高多了。　　　私は彼よりずっと高い。

（否定）
Wǒ méiyǒu tā gāo
我没有他高。　　　　私は彼ほど高くない。

(2)　　AはBと同じ

Wǒ hé tā yí yànggāo
我和他一样高。　　　私は彼と同じくらい高い。

Wǒ gēn tā yí yànggāo
我跟他一样高。　　　私は彼と同じくらい高い。

16．存現文

(1)
yǒu
有　　　　　　　　　（場所）に（もの）がある

Yī yuàn de pángbiān yǒubiàn lì diàn
医院的旁边有便利店。　病院の隣にコンビニがあります。

　　　　　　　　　　　（場所）に（人）がいる

Jiào shì li yǒuxué shēng
教室里有学生。　　　教室の中に学生がいます。

(2)
zài
在　　　　　　　　　（もの）が（場所）にある

Biàn lì diànzài yī yuàn de pángbiān
便利店在医院的旁边。　コンビニは病院の隣にあります。

　　　　　　　　　　　（人）が（場所）にいる

Xué shēng zàijiào shì li
学生在教室里。　　　学生は教室の中にいます。

17．進行態

(1) 　　　zhèng　zài　　ne
正，在，呢（いずれかを単独に用いて進行態を表すことができる。）

Tā zhèng zài dǎ diànhuà ne
他 正 在 打 电 话 呢。　　　　彼は電話をかけています。

Tā méi dǎ diànhuà
他 没 打 电 话。　　　　　　彼は電話をかけていません。

(2) 　　　zhe
着（動作の結果・状態の持続を表す）

Mén kāi zhe
门 开 着。　　　　　　　　扉が開いています。

Mén méi kāi zhe
门 没 开 着。　　　　　　　扉が開いていません。

Tā chuān zhe bái chèn shān
他 穿 着 白 衬 衫。　　　　彼はワイシャツを着ています。

Tā méi chuān zhe bái chèn shān
他 没 穿 着 白 衬 衫。　　　彼はワイシャツを着ていません。

18．未来形

chūn tiān kuài yào dào le
春 天 快 要 到 了。　　　　春はもうすぐやってきます。

Tā jiù yào lái Rì běn le
他 就 要 来 日 本 了。　　　彼はもうすぐ日本に来る予定です。

19．短い時間・状態を表す文

Qǐng děng děng
请 等 等。　　　　　　　　少々お待ちください。

Qǐng děng yi děng
请 等 一 等。　　　　　　　少々お待ちください。

Qǐng děng yi xià
请 等 一 下。　　　　　　　少々お待ちください。

Qǐng xiū xi xiū xi
请 休 息 休 息。　　　　　　少し休んでください。

Qǐng xiū xi yi xià
请 休 息 一 下。　　　　　　少し休んでください。

20．複文（副詞または接続詞を用いる）

(1)
yì biān　　　yì biān
一边 A，一边 B

Aしながら、Bする

Tā yì biānchīfàn　yì biānkàndiànshì
他一边 吃饭，一边 看 电 视。

彼はご飯を食べながら、テレビを観ます。

(2)
yòu　　　yòu
又 A，又 B

Aも、Bも

Tā yòucōngmíng　yòupiàoliang
她又 聪 明，又 漂 亮。

彼女は賢くて、綺麗だ。

Tā yòuchàngyòu tiào
她又 唱 又 跳。

彼女は歌ったり踊ったりをしています。

(3)
bú shì　　　ér　shì
不是 A，（而）是 B

Aではなく、B

Tā bú shìZhōngguórén　　ér　shì Rì
他不是 中 国人，（而）是日

彼は中国人ではなく、日本人です。

běnrén
本人。

(4)
shì　　　hái shì
（是）A，还是 B

A、それとも B？

Nǐ　shì　yào hē kā fēi　háishìchá
你（是）要喝咖啡，还是茶？

あなたはコーヒーを飲みたいですか、それともお茶を飲みたいですか？

(5)
yī　　　jiù
一 A，就 B

Aと、すぐB

Wǒ yī huí jiā　jiù shuìjiào le
我 一回家，就睡 觉了。

私は家に帰ると、すぐ寝ました。

(6)
bú shì　　　jiù shì
不是 A，就是 B

Aでなければ、B

Xīng qī tiān tā bú shì qù tú shūguǎn jiù
星 期天他不是去图书 馆，就

日曜日、彼は図書館に行かなければ、家にいます。

shì zài jiā
是在家。

(7)
bú guò
不过

ただし，ただ，でも

Wǒxiǎng qù　bú guò　méi shí jiān
我 想 去，不过，没时 间。

私は行きたいです。ただ、時間がありません。

(8)
kě shì
可是

でも

Wǒxiǎng qù　kě shì　méi shí jiān
我 想 去，可是，没时 间。

私は行きたいです。でも、時間がありません。

(9)   dàn shì
       但是   しかし

Wǒ xiǎng qù   dàn   shì   méi shí jiān
我 想 去, 但 是, 没时间。   私は行きたいです。しかし、時間がありません。

(10)   suī rán   dàn shì
       虽然 A, 但是 B   A にもかかわらず、B

Suī rán wǒ xiǎng qù   dàn shì   méi shí jiān
虽然我 想 去, 但是, 没时间。   私は行きたいにもかかわらず、時間がありま
                                     せん。

(11)   yīn wéi   suǒ yǐ
       因为 A, 所以, B   A だから、B

Yīn wéi gōng zuò hěn máng   suǒ yǐ   wǒ bù
因为 工 作 很 忙, 所以,我不   仕事がとても忙しいので、私は行くことが
néng qù   できません。
能 去。

(12)   zhǐ yào   jiù
       只要 A, 就 B   A をさえすれば、B

Zhǐ yào nǔ lì   jiù néng xué hǎo Zhōng wén
只要努力,就 能 学 好 中 文。   努力さえすれば、中国語を習得することが
                                     できます。

(13)   zhǐ yǒu   cái
       只有 A, 才 B   A してこそ初めて、B (欠くことのできない
                                     唯一の条件を表す)

Zhǐ yǒu duō liàn xí   cái néng xué hǎo   Zhōng wén
只有多练习,才 能 学 好 中 文。   たくさん練習してからこそ、初めて中国語を
                                     習得することができます。

(14)   wèi le
       为了 A   A のために

Wèi le hái zi   tā nǔ lì gōng zuò
为了孩子, 她努力 工 作。   子供のために、彼女は一所懸命に働きます。

(15)   rú guǒ   de huà   jiù
       如果 A (的话), 就 B   もし A ならば、B

Rú guǒ míng tiān xià yǔ   wǒ jiù bú qù le
如果 明 天 下雨, 我就不去了。   もし明日雨が降ったら、私は行くことを止めます。

(16)   yào shi   de huà   jiù
       要是 A (的话), 就 B   もし A ならば、B

Yào shi míng tiān xià yǔ   wǒ jiù bú qù le
要 是 明 天下雨, 我就不去了。   もし明日雨が降ったら、私は行くことを
                                     やめます。

(17)　　不管 A, 都 B　　　　　　　　A であろうと、B

　　　Bùguǎnmíngtiānxià yǔ bú xià yǔ wǒdōuqù
　　　不管 明 天下雨不下雨,我都去。　明日雨が降ろうが降るまいが、私は行きます。

　　　Bùguǎngōngzuòduōmexīn kǔ wǒdōujiānchí
　　　不管 工 作多么辛苦,我都坚持。　仕事がどんなに辛くても、私は頑張って続けます。

21．緊急用語　　　🎧60

(1)　　Jiù mìng ā
　　　救 命 啊!　　　　　　　　　助けて!
　　　　＊【救 命】：〔動詞〕命を助ける

(2)　　Qǐng bāngzhù wǒ
　　　请 帮 助我!　　　　　　　助けてください。

(3)　　Zháohuǒ le
　　　着 火了!　　　　　　　　　火事だ!
　　　　＊【着 火了】：〔動詞〕火事になる

(4)　　Dì zhèn le
　　　地 震 了!　　　　　　　　　地震だ!
　　　　＊【地 震】：〔名詞〕地震

(5)　　Tíng diàn le
　　　停 电了!　　　　　　　　　停電だ!
　　　　＊【停 电】：〔動詞〕停電する

(6)　　Yǒu xiǎotōu
　　　有 小 偷!　　　　　　　　　泥棒だ!
　　　　＊【小 偷】：〔名詞〕泥棒

(7)　　Jiào jǐngchá
　　　叫 警察!　　　　　　　　　警察を呼んで!
　　　　＊【警 察】：〔名詞〕警察

(8)　　Jiào yī shēng
　　　　叫医生！　　　　　　　　　医者を呼んで！

(9)　　Jiào jiù hù chē
　　　　叫救护车！　　　　　　　　救急車を呼んで！
　　　　　　　jiù hù chē
　　　　＊【救护车】：〔名詞〕救急車

(10)　　Wǒ mí lù le
　　　　我迷路了。　　　　　　　　私は迷子になりました。

(11)　　Ràng kāi
　　　　让开！　　　　　　　　　　どいて！
　　　　　　ràng kāi
　　　　＊【让开】：〔動詞〕よける．避ける．
　　　　どく．（場所を）空ける

(12)　　Nǐ gàn shén me
　　　　你干什么！　　　　　　　　何をするの！

(13)　　Fàng kāi wǒ
　　　　放开我！　　　　　　　　　放して！
　　　　　　fàng kāi
　　　　＊【放开】：〔動詞〕放す．離す

附录 1　练习题

ワークシート（練習問題）

以下の日本語を中国語に訳し、簡体字漢字で書きなさい。

1 こんにちは。私は～と申します。お会いできてうれしいです。〔第1課〕

_____

2 私は喉がかわきました。水が飲みたいです。〔第1課〕

_____

3 私は秋刀魚を食べるのが好きです。〔第1課〕

_____

4 プレゼントを頂き、ありがとうございます。〔第2課〕

_____

5 私は寿司屋でお寿司を食べています。〔第2課〕

_____

6 パスタは非常においしいです。私はパスタを食べることが大好きです。〔第2課〕

_____

7 私はお金がありません。お金が欲しいです。〔第3課〕

_____

8 世界地図はいくらですか？〔第3課〕

_____

9 私はまた上海に来ます。〔第3課〕

_____

10 私は日本語と英語だけを話すことができます。〔第4課〕

_____

11 もう一度、説明してください。〔第4課〕

_____

12 すみません。あなたの意味が分かりません。字を書いてください。〔第4課〕

_____

13 明けましておめでとうございます。〔第5課〕

_____

14 私の友達は2000年生まれで、今年21歳です。〔第5課〕

_____

15 クリスマスの夜、私は家族とケーキを食べます。〔第5课〕

_____

16 私は中国に留学しに行きたいので、中国語を習っています。〔第6课〕

_____

17 私は週に3回、図書館に行きます。〔第6课〕

_____

18 私は毎日30分間、運動します。私には努力が必要です。〔第6课〕

_____

19 私は午後5時から9時まで飲食店でアルバイトをします。〔第7课〕

_____

20 私は友達と一緒に映画を観て、18時ごろ、家に帰ります。〔第7课〕

_____

21 私は歌を歌いながら、お風呂に入ります。〔第7课〕

_____

22 こちらは私の名刺です。私は公務員です。〔第8课〕

_____

23 あなたはとても楽しそうですね。〔第8课〕

_____

24 私の専攻は看護学です。卒業後、看護師になりたいです。〔第8课〕

_____

25 私はピアノを弾くことが趣味です。小さい頃、ピアノを習い始めたのです。〔第9课〕

_____

26 毎週土曜日、母は必ず私を連れてスーパーへ行きます。〔第9课〕

_____

27 私は絵を描くのがとても上手です。〔第9课〕

_____

28 春がやってきました。ますます暖かくなります。〔第10课〕

_____

29 新潟のチューリップがもうすぐ咲きそうです。〔第10课〕

_____

30 東京の冬は新潟ほど寒くありません。〔第10课〕

_____

31 英語を中国語に訳してください。〔第11课〕

_____

32 先に、予約用紙に記入してください。〔第11课〕

_____

33 今日の日本円と人民元のレートはどのくらいですか？〔第11课〕

_____

34 6時ちょうどから、ディナーが始まります。〔第12课〕

_____

35 あなたはワインがよろしいですか、それともビールがよろしいですか？〔第12课〕

_____

36 私に少し味見をさせてください。〔第12课〕

_____

37 すみませんが、地下鉄の駅はどこにありますか？〔第13课〕

_____

38 美術館まで、どうやっていきますか？〔第13课〕

_____

39 この先の信号まで行ったら、左に曲がってください。〔第13课〕

_____

40 ここから博物館まで何分かかりますか？〔第14课〕

_____

41 順調であれば、2時間くらいかかります。〔第14课〕

_____

42 北京までの新幹線の切符は大体200元かかります。〔第14课〕

_____

43 こちらは試着室です。靴を脱いでください。〔第15课〕

_____

44 このチャイナドレスを試着してもいいですか？〔第15课〕

_____

45 このシャツは少しきついです。〔第15课〕

_____

46 デザートメニューをください。〔第16课〕

_____

47 私はあなたに肉団子の蒸し料理をお薦めします。〔第16课〕

_____

48 とりあえず、アイスティーを2杯ください。〔第16课〕

_____

49 申し訳ございません。どなたも電話にお出になりません。〔第17課〕

50 彼は出張しました。〔第17課〕

51 私の携帯電話の番号を彼にお伝えください。〔第17課〕

52 私は映画のチケットを予約したいです。〔第18課〕

53 お客さまは通路側がよろしいでしょうか、それとも窓側がよろしいでしょうか？〔第18課〕

54 私はエレベーターに近い部屋がいいです。〔第18課〕

55 私は免税の手続きをしたいです。〔第19課〕

56 私はアリペイでサービス料を払います。〔第19課〕

57 スポーツジムは24時間営業します。〔第19課〕

58 荷物の保管を手伝ってください。〔第20課〕

59 私はカメラを部屋の中に忘れました。〔第20課〕

60 私は冷蔵庫の飲み物を飲んでいません。〔第20課〕

61 私は東京に来て２週間になりました。〔第21課〕

62 上海には、他にどんな面白いところがありますか？〔第21課〕

63 私は昨日行く予定でしたが、時間がなかったので、行くことができませんでした。〔第21課〕

64 最近、どんなゲームが中国で最も人気がありますか？〔第22課〕

65 彼女は日本で最も人気の高い歌手です。〔第22課〕

66 このアニメ映画は私はまだ観たことがありません。〔第22课〕

67 私は中国の経済と社会に興味があります。〔第23课〕

68 聞くところによると、中国の歴史小説はとても面白いそうです。〔第23课〕

69 機会があれば、私はとても試してみたいと思います。〔第23课〕

70 このプリンターはこのように使います。私が教えましょう。〔第24课〕

71 私は明日、ホテルへお客さまを迎えに行く計画です。〔第24课〕

72 私はお客さまを案内して展示会の見学をします。〔第24课〕

73 私は熱があり、おなかが痛いです。おとといから始まったのです。〔第25课〕

74 食欲がなくて、何も食べたくありません。〔第25课〕

75 時間通りに寝てください。〔第25课〕

76 今回のイベントで、私はたくさんの収穫がありました。〔第26课〕

77 特に、中国の美味しい食事は、私に深い印象を与えてくれました。〔第26课〕

78 機会があれば、ぜひ、新潟の我が家に遊びに来てください。〔第26课〕

79 私のふるさとは新潟です。あなたは新潟をご存じですか？〔特別編〕

80 新潟県は日本の本州中部の日本海側に位置し、人口は約220万人です。〔特別編〕

81 新潟市から東京まで新幹線で約2時間かかります。〔特別編〕

82 新潟のお米と清酒は、日本で最も有名です。〔特別編〕

附录2 生词表

拼音	中文	日文译文	课
【A】			
a	啊	〔感〕ね.よ(驚嘆や感心を表す)	8
ǎi	矮	〔形〕(背が)低い	8
ài	爱	〔動〕愛する.好む	9
àihào	爱好	〔名〕趣味〔動〕好む	9
àiren	爱人	〔名〕配偶者(夫妻)	8
ànmó	按摩	〔動〕按摩する.マッサージをする	19
ànmóshī	按摩师	〔名〕マッサージ師	20
ānquándài	安全带	〔名〕シートベルト	12
ànshí	按时	〔副〕時間通りに	25
【B】			
bǎ	把	〔介〕～を	11
bǎifēnzhī	百分之	〔数〕100分の(～つ).～パーセント	20
bǎihuòdiàn	百货店	〔名〕百貨店	14
báisè	白色	〔名〕白	15
bàituō	拜托	〔動〕頼む.お願いする	14
bān	搬	〔動〕運ぶ	20
bàn	半	〔名〕半.30分	5
bàn	办	〔動〕行う	12
bāng	帮	〔動〕手伝う.助ける	20
bàngqiú	棒球	〔名〕野球	9
bāngzhù	帮助	〔動〕助ける.手伝う	2
bānyùn	搬运	〔動〕運搬する.運ぶ	12
bāo	包	〔動〕保証する	15
bào	报	〔名〕新聞	3
bàogào	报告	〔名〕報告.レポート	24
bàozhǐ	报纸	〔名〕新聞	12
bǎozhòng	保重	〔動〕体を大事にする	25
bāozi	包子	〔名〕中華まん	16
bāshì	巴士	〔名〕バス	13
bēi	杯	〔名〕コップ.杯〔量〕液体の量を数える	4
Běijīng	北京	〔名〕北京	17
Běijīngkǎoyā	北京烤鸭	〔名〕北京ダック	26
bèishuǐyízhàn	背水一战	〔成〕背水の陣を敷いて一戦を交える	23
běnlái	本来	〔副〕本来.元々	21
bǐ	笔	〔名〕ペン類.筆記具	3
bǐ	比	〔介〕～より(比較する)	10
bǐ	比	〔介〕～対～	11
biàn	遍	〔量〕回.へん(動作の回数を表す)	4
biànlìdiàn	便利店	〔名〕コンビニエンスストア	9
biǎoqíng	表情	〔名〕表情	8

拼音	中文	日文译文	课
biāozhǔnjiān	标准间	〔名〕スタンダードルーム	19
biéde	别的	〔指代〕別の	15
bīng	冰	〔名〕氷.アイス	16
bīnguǎn	宾馆	〔名〕ホテル	13
bīngxiāng	冰箱	〔名〕冷蔵庫	20
bìyè	毕业	〔動〕卒業する	8
bówùguǎn	博物馆	〔名〕博物館	13
bù	不	〔副〕～しない.～ではない	1
bù	部	〔量〕本(映画や小説などを数える)	22
búcuò	不错	〔形〕悪くない.素晴らしい	9
bùshūfu	不舒服	〔形〕体調が悪い	21
bútài	不太	〔副〕あまり～ではない	13
【C】			
cài	菜	〔名〕野菜.料理	1
càidān	菜单	〔名〕メニュー	16
cānguān	参观	〔動〕見学する	24
cānjiā	参加	〔動〕参加する	24
cānjīnzhǐ	餐巾纸	〔名〕紙ナプキン	16
cānyǐnfèi	餐饮费	〔名〕飲食費	20
chā	插	〔動〕差し込む	20
chá	茶	〔名〕お茶	1
cháng	尝	〔動〕味見する.味わう	11
cháng	长	〔形〕長い	15
chàng	唱	〔動〕歌う	7
chángcháng	常常	〔副〕いつも.よく.しばしば	26
Chángchéng	长城	〔名〕万里の長城	21
chángyán	肠炎	〔名〕腸炎	25
chǎnpǐn	产品	〔名〕製品.商品	24
chǎo	炒	〔動〕炒める	1
chāoguò	超过	〔動〕超過する	22
chāoshì	超市	〔名〕スーパーマーケット	9
cháoyáng	朝阳	〔名〕南向き	18
chéng	成	〔介〕～に	11
chéngchē	乘车	〔動〕乗車する	14
chéngyǔ	成语	〔名〕四字熟語.ことわざ	23
chènshān	衬衫	〔名〕シャツ	15
chēzhàn	车站	〔名〕駅	13
chī	吃	〔動〕食べる	1
chōngshí	充实	〔形〕充実である	26
chuān	穿	〔動〕着る.はく	15
chūchāi	出差	〔動〕出張する	17

【品詞の説明】 名詞→〔名〕 動詞→〔動〕 助詞→〔助〕 助動詞→〔助動〕 形容詞→〔形〕 数詞→〔数〕
数量詞→〔数量〕 量詞→〔量〕 疑問代詞→〔疑代〕 人称代詞→〔人代〕 指示代詞→〔指代〕 副詞→〔副〕

拼 音	中 文	日文译文	课
chūjìngkǎ	出境卡	〔名〕出国カード	11
chūmén	出门	〔動〕出掛ける	7
chūnjié	春节	〔名〕春節.旧正月	5
chūntiān	春天	〔名〕春	10
chūqù	出去	〔動〕出て行く.外出する	17
chūshēng	出生	〔動〕生まれる	5
chūshì	出示	〔動〕見せる	11
chūzūchē	出租车	〔名〕タクシー	13
cì	次	〔量〕回(数)	6
cóng	从	〔介〕～から	7

【D】

拼 音	中 文	日文译文	课
dǎ	打	〔動〕打つ.(手でやる球技を)する	9
dǎ	打	〔動〕(電話を)かける	17
dàgài	大概	〔副〕大体.多分	6
dǎgōng	打工	〔名〕アルバイト〔動〕アルバイトする	7
dài	带	〔動〕連れる.率いる.携帯する.持つ	9
dàifu	大夫	〔名〕医者	25
dàjiǎng	大奖	〔名〕大きな賞	22
dān	单	〔名〕用紙.表	11
dàndànmiàn	担担面	〔名〕担々麺.タンタンメン	1
dāng	当	〔動〕(職業)になる	8
dàngāo	蛋糕	〔名〕ケーキ	5
dānjiān	单间	〔名〕個室	18
dānrénfáng	单人房	〔名〕シングルルーム	18
dānxīn	担心	〔動〕心配する	14
dào	到	〔介〕～まで	7
dào	到	〔動〕着く.到着する	13
dǎoyǎn	导演	〔名〕監督.演出家〔動〕監督する	22
dǎsuàn	打算	〔助動〕～するつもりである	21
dàxuéshēng	大学生	〔名〕大学生	2
dǎyìn	打印	〔動〕印刷する.プリントアウトする	24
dǎyìnjī	打印机	〔名〕印刷機.プリンター	24
dàyuē	大约	〔副〕約	14
dàzháxiè	大闸蟹	〔名〕上海ガニ	16
dǎzhé	打折	〔動〕割り引く	15
dǎzhēn	打针	〔動〕注射する	25
dé	得	〔動〕受ける.もらう	22
de	得	〔助〕動詞の後に置き,補語を導く	4
de	的	〔助〕名詞の修飾語の印	5
dēng	登	〔動〕登る	21
děng	等	〔動〕待つ	11
dēngjì	登记	〔動〕登録する.チェックインをする	19
dēngjī	登机	〔動〕搭乗する	12

拼 音	中 文	日文译文	课
dēngjīkǒu	登机口	〔名〕搭乗口	12
dēngjīpái	登机牌	〔名〕搭乗券	11
Déwén	德文	〔名〕ドイツ語	3
diǎn	点	〔名〕～時(時間の単位)	5
diǎn	点	〔動〕数える	11
diǎn	点	〔動〕注文する	16
diàn	店	〔名〕店	2
diǎndī	点滴	〔動〕点滴する	25
diǎngù	典故	〔名〕典故.典拠.故事	23
diànhuà	电话	〔名〕電話	17
diànnǎo	电脑	〔名〕パソコン	24
diànshì	电视	〔名〕テレビ	7
diànshìjù	电视剧	〔名〕テレビドラマ	22
diàntī	电梯	〔名〕エレベーター	18
diǎnxin	点心	〔名〕点心.デザート	16
diànyǐng	电影	〔名〕映画	6
dìdi	弟弟	〔名〕弟	8
dìfang	地方	〔名〕ところ.場所	21
dìng	订	〔動〕予約する	11
Díshìnílèyuán	迪士尼乐园	〔名〕ディズニーランド	21
dìtiě	地铁	〔名〕地下鉄	13
dìtú	地图	〔名〕地図	3
dìyīcì	第一次	〔数量〕初めて	21
dìzhèn	地震	〔名〕地震	27
dǒng	懂	〔動〕分かる	4
dònghuàpiàn	动画片	〔名〕動画.アニメ映画	22
Dōngjīng	东京	〔名〕東京	14
dōngtiān	冬天	〔名〕冬	9
dōngxi	东西	〔名〕物	6
dōu	都	〔副〕みんな.いずれも	9
dú	读	〔動〕読む	4
dù	度	〔量〕度	10
duǎn	短	〔形〕短い	15
dǔchē	堵车	〔動〕渋滞する	14
duì	对	〔介〕～に対して	23
duìbuqǐ	对不起	〔常〕すみません.申しわけない	4
duìhuàn	兑换	〔名〕両替.為替〔動〕両替する	11
duìle	对了	〔接続〕そうだ(文頭に用い,相手の注意を促す)	24
duō	多	〔形〕多い〔副〕～すぎ	7
duōchángshíjiān	多长时间	〔疑代〕(時間)どのくらい	6
duōdàle	多大了	〔疑代〕おいくつですか	5
duōshǎoqián	多少钱	〔疑代〕いくら	3
dúshū	读书	〔動〕読書する	6
dùzi	肚子	〔名〕おなか.腹	25

介詞(前置詞)→〔介〕 接続詞→〔接続〕 感嘆詞→〔感〕 方位名詞→〔方〕 成語→〔成〕 敬語→〔敬〕 挨拶→〔挨〕
常套語→〔常〕 接尾語→〔接尾〕 複合方向補語→〔複〕

【品詞の説明】 名詞→〔名〕 動詞→〔動〕 助詞→〔助〕 助動詞→〔助動〕 形容詞→〔形〕 数詞→〔数〕
数量詞→〔数量〕 量詞→〔量〕 疑問代詞→〔疑代〕 人称代詞→〔人代〕 指示代詞→〔指代〕 副詞→〔副〕

拼音	中文	日文译文	课
hào	号	〔名〕日	5
hào	号	〔名〕サイズ	15
hǎochī	好吃	〔形〕(食べ物が)おいしい	1
hǎohē	好喝	〔形〕(飲み物が)おいしい	1
hǎojiǔ	好久	〔副〕長い間.久しい	26
hàokè	好客	〔形〕ホスピタリティーのある	26
hàomǎ	号码	〔名〕番号	17
hǎowánr	好玩儿	〔形〕面白い	21
hǎoxué	好学	〔形〕学びやすい	2
hǎoyì	好意	〔名〕好意	2
hē	喝	〔動〕飲む	1
hé	和	〔介〕~と	7
hěn	很	〔副〕とても	1
hónglùdēng	红绿灯	〔名〕信号	13
hóngsè	红色	〔名〕赤	15
hòutiān	后天	〔名〕あさって	5
huà	话	〔名〕話	4
huábīng	滑冰	〔動〕スケートをする	9
huàhuà	画画	〔動〕絵を描く	9
huàn	换	〔動〕換える.両替する	11
huángsè	黄色	〔名〕黄色	15
huánjìng	环境	〔名〕環境	18
huānyíng	欢迎	〔動〕歓迎する	14
huáxuě	滑雪	〔動〕スキーをする	9
huàxué	化学	〔名〕化学	7
huáxuěchǎng	滑雪场	〔名〕スキー場	9
huí	回	〔動〕帰る	7
huì	会	〔動〕できる〔助動〕~することができる	4
huì	会	〔名〕会議	6
huì	会	〔助動〕~だろう(将来に対する推測)	10
huìchǎng	会场	〔名〕会場	24
huìyì	会议	〔名〕会議	24
huǒbào	火爆	〔形〕非常に人気がある	22
huódòng	活动	〔名〕活動.イベント	26
hùshi	护士	〔名〕看護師	8
hùxiāng	互相	〔副〕お互いに.相互に	24
hùzhào	护照	〔名〕パスポート	11

【J】

拼音	中文	日文译文	课
jǐ	几	〔疑代〕いくつ.いくら	5
jì	记	〔動〕書く.覚える	4
jì	系	〔動〕締める	12
jì	寄	〔動〕送る.郵送する	26
jiā	家	〔名〕家	7

拼音	中文	日文译文	课
jiā	加	〔動〕足す.プラスする	20
jiābān	加班	〔動〕残業する	17
jiàn	见	〔動〕会う	1
jiàn	件	〔量〕個.枚(荷物や服を数える)	12
jiàndào	见到	〔動〕会える	1
jiǎng	讲	〔動〕語る	22
jiǎngjià	讲价	〔動〕値段の交渉をする	15
jiǎngzuò	讲座	〔名〕講座	26
jiànkāng	健康	〔形〕健康である	8
jiànmiàn	见面	〔名〕面会〔動〕面会する	26
jiànshēnfáng	健身房	〔名〕スポーツジム	7
jiāo	教	〔動〕教える	24
jiào	叫	〔動〕~と呼ぶ.~という	1
jiǎozi	饺子	〔名〕餃子	16
jiārén	家人	〔名〕家族	5
jiātíngzhǔfù	家庭主妇	〔名〕専業主婦	8
jiāyóu	加油	〔動〕頑張る	6
jīchǎng	机场	〔名〕空港	14
jìcún	寄存	〔動〕預ける	12
jīdàn	鸡蛋	〔名〕卵	16
jiē	接	〔動〕迎える	14
jiē	接	〔動〕(電話に)出る	17
jiéhūn	结婚	〔名〕結婚〔動〕結婚する	6
jiějie	姐姐	〔名〕姉	8
jièshào	介绍	〔名〕紹介〔動〕紹介する	23
jìhuà	计划	〔名〕計画〔動〕計画する	24
jīhuì	机会	〔名〕機会	21
jìlù	记录	〔名〕記録〔動〕記録する	4
jīn	斤	〔量〕500グラム(重量単位)	16
jīngcǎi	精彩	〔形〕精彩を放っている.素晴らしい	22
jǐngchá	警察	〔名〕警察	27
jǐngdiǎn	景点	〔名〕観光スポット	21
Jīngdū	京都	〔名〕京都	14
Jīngjì	经济	〔名〕経済	7
jīngjìcāng	经济舱	〔名〕エコノミークラス	18
jīngjù	京剧	〔名〕京劇	23
jǐngsè	景色	〔名〕景色	18
jīnnián	今年	〔名〕今年	5
jīnpái	金牌	〔名〕金メダル	22
jīntiān	今天	〔名〕今日	5
jǐnzhāng	紧张	〔形〕緊張している	14
jīqì	机器	〔名〕機械	24
jīròu	鸡肉	〔名〕鶏肉	1
jìsuàn	计算	〔動〕計算する	20

介詞(前置詞)→〔介〕 接続詞→〔接続〕 感嘆詞→〔感〕 方位名詞→〔方〕 成語→〔成〕 敬語→〔敬〕 挨拶→〔挨〕
常套語→〔常〕 接尾語→〔接尾〕 複合方向補語→〔複〕

拼音	中文	日文译文	课
jiùhùchē	救护车	〔名〕救急車	27
jiùmìng	救命	〔動〕命を助ける	27
jiǔshuǐ	酒水	〔名〕飲み物	16
jiùyào le	就要～了	〔接続〕もうすぐ～になる	10
jíxingwèibìng	急性胃病	〔名〕急性胃炎	25
júhuā	菊花	〔名〕菊	10
jùmíng	剧名	〔名〕劇のタイトル	23
jùqíng	剧情	〔名〕劇の筋.ストーリー	23
júzhī	橘汁	〔名〕オレンジジュース	12

【K】

拼音	中文	日文译文	课
kāfēi	咖啡	〔名〕珈琲.コーヒー	1
kāfēitīng	咖啡厅	〔名〕カフェ	19
kāi	开	〔動〕(花が)咲く.開く	10
kāichē	开车	〔動〕車を運転する	4
kāihuì	开会	〔動〕会議に出席する	17
kāimén	开门	〔動〕戸(ドア)を開ける.開店する	19
kāishǐ	开始	〔名〕開始〔動〕始める.始まる	9
kāiwánhuì	开完会	〔動〕会議が終わる	17
kāixīn	开心	〔形〕愉快である	8
kāiyǎn	开演	〔動〕開演する	23
kàn	看	〔動〕見る.読む	3
kànbìng	看病	〔動〕診察する.診察を受ける	25
kānhùxué	看护学	〔名〕看護学	8
kànqǐlái	看起来	〔動〕～に見える	8
kàochuāng	靠窗	〔名〕窓側	18
kàoguòdào	靠过道	〔名〕通路側	18
kě	渴	〔形〕喉がかわく	1
kě	可	〔副〕(程度の高いことを強調する)	21
kè	课	〔名〕レッスン.授業	6
kèqi	客气	〔動〕遠慮する	2
kèren	客人	〔名〕お客さま	14
kěshì	可是	〔接続〕でも.しかし	21
késou	咳嗽	〔動〕咳をする	25
kěyǐ	可以	〔形〕いい.よろしい	9
kòng	空	〔形〕空いている〔動〕空ける	18
kòngfáng	空房	〔名〕空き部屋	18
kōngqì	空气	〔名〕空気	18
kōngtiáo	空调	〔名〕エアコン	24
kǒu	口	〔量〕人(家庭の人数を数える)	8
kū	哭	〔動〕泣く	22
kuài	块	〔名〕元(人民元の単位)	3
kuài	快	〔形〕速い	14
kuàilè	快乐	〔形〕愉快である.楽しい	5

拼音	中文	日文译文	课
kuǎnshì	款式	〔名〕様式.デザイン	15
kùn	困	〔形〕眠い	1
kùzi	裤子	〔名〕ズボン	15

【L】

拼音	中文	日文译文	课
lái	来	〔動〕来る.持ってくる.よこす	3
lái	来	〔助動〕～をさせる(積極的な姿勢を示す)	24
láidejí	来得及	〔動〕間に合う	14
lāmiàn	拉面	〔名〕拉麺.ラーメン	1
lánsè	蓝色	〔名〕青	15
lèi	累	〔形〕疲れる	1
lěng	冷	〔形〕寒い	10
lí	离	〔介〕～から～まで(二点間の隔たりを表す)	13
lǐ	里	〔方〕中.内部.内側	20
liáng	量	〔動〕測る	25
liǎng	两	〔数〕二つ.2(後に量詞を伴う)	3
liángcài	凉菜	〔名〕サラダ	16
liángkuài	凉快	〔形〕涼しい	10
liǎobuqǐ	了不起	〔形〕素晴らしい	6
lìhai	厉害	〔形〕ひどい	25
língxià	零下	〔名〕零下	10
lìshǐ	历史	〔名〕歴史	7
LiúBāng	刘邦	〔名〕劉邦	23
liúxíng	流行	〔動〕流行する.はやる	15
liúxué	留学	〔名〕留学〔動〕留学する	6
liúyán	留言	〔動〕伝言する	17
lǐwù	礼物	〔名〕プレゼント	2
lǐyú	鲤鱼	〔名〕鯉.コイ	1
lóngxiā	龙虾	〔名〕伊勢エビ.ロブスター	16
lóu	楼	〔名〕ビル〔量〕建物の階.フロア	18
lóutī	楼梯	〔名〕階段	18
lù	路	〔名〕道	13
lǜ	率	〔名〕率	11
lǜsè	绿色	〔名〕緑	15
lǜshī	律师	〔名〕弁護士	8
lǚyóu	旅游	〔名〕旅行.観光〔動〕旅行する	3

【M】

拼音	中文	日文译文	课
ma	吗	〔助〕か(疑問文の文末)	1
mǎi	买	〔動〕買う	3
mài	卖	〔動〕売る	3
mànhuà	漫画	〔名〕漫画	22
mànmàn	慢慢	〔副〕ゆっくりと	4
mǎnyì	满意	〔形〕満足している	15

【品詞の説明】 名詞→〔名〕 動詞→〔動〕 助詞→〔助〕 助動詞→〔助動〕 形容詞→〔形〕 数詞→〔数〕
数量詞→〔数量〕 量詞→〔量〕 疑問代詞→〔疑代〕 人称代詞→〔人代〕 指示代詞→〔指代〕 副詞→〔副〕

拼 音	中 文	日文译文	课
màoyì	贸易	〔名〕貿易	6
mǎshàng	马上	〔副〕すぐに	20
měifàdiàn	美发店	〔名〕美容室	13
méihuā	梅花	〔名〕梅	10
mèimei	妹妹	〔名〕妹	8
měinián	每年	〔名〕毎年	9
měishí	美食	〔名〕美食.グルメ.おいしい食べ物	21
měishùguǎn	美术馆	〔名〕美術館	13
měitiān	每天	〔名〕毎日	6
méiwèntí	没问题	〔常〕問題ない.大丈夫だ	20
Měiyuán	美元	〔名〕米ドル	11
men	们	〔接尾〕～たち	1
miàn	面	〔名〕麺類の総称	1
miàntiáo	面条	〔名〕麺類.うどん	12
mǐfàn	米饭	〔名〕ご飯	12
mílù	迷路	〔動〕迷子になる	13
mìmǎ	密码	〔名〕暗証番号	20
míngbai	明白	〔動〕分かる	4
míngpiàn	名片	〔名〕名刺	8
míngshènggǔjì	名胜古迹	〔名〕名所旧跡	21
míngtiān	明天	〔名〕明日	5
míngxīng	明星	〔名〕スター	22
mǔqin	母亲	〔名〕母親	8

【N】

拼 音	中 文	日文译文	课
ná	拿	〔動〕持つ.受け取る	12
nà	那	〔接続〕それでは.それなら	9
nǎ nián	哪年	〔疑代〕何年	5
nǎguó	哪国	〔疑代〕どの国	4
nǎlǐ	哪里	〔疑代〕どこ	2
nǎli	哪里	〔常〕とんでもない	4
náshǒu	拿手	〔形〕得意である	16
nǎwèi	哪位	〔疑代〕どなた	17
nǎxiē	哪些	〔疑代〕どの（複数）	21
ne	呢	〔助〕～は(疑問文の文末)	1
nèiróng	内容	〔名〕内容	23
néng	能	〔助動〕できる	15
nénglì	能力	〔名〕能力	6
nǐ	你	〔人代〕あなた	1
niánqīng	年轻	〔形〕若い	8
niúròu	牛肉	〔名〕牛肉	1
nuǎnhuo	暖和	〔形〕暖かい	10
nǔlì	努力	〔名〕努力	6
nǚzhǔjué	女主角	〔名〕主演女優	22

【O】

拼 音	中 文	日文译文	课
Ōuyuán	欧元	〔名〕ユーロ	11

【P】

拼 音	中 文	日文译文	课
páizi	牌子	〔名〕ブランド.銘柄	15
pàng	胖	〔形〕太っている	8
pángbiān	旁边	〔方〕そば.隣	13
pǎobù	跑步	〔動〕ジョギングをする	9
páshān	爬山	〔動〕登山をする	9
péngyou	朋友	〔名〕友人.友達	2
piányi	便宜	〔形〕安い	15
piàofángshōurù	票房收入	〔名〕興行収入	22
píjiǔ	啤酒	〔名〕ビール	12
píng	瓶	〔名〕瓶〔量〕本(瓶入りのものを数える)	16
píngguǒzhī	苹果汁	〔名〕アップルジュース	12
pútaojiǔ	葡萄酒	〔名〕ワイン	12

【Q】

拼 音	中 文	日文译文	课
qí	骑	〔動〕またがって乗る	13
qián	钱	〔名〕お金	3
qiánbāo	钱包	〔名〕財布	20
qiánmian	前面	〔方〕先.前	13
qiántiān	前天	〔名〕おととい	5
qiānzì	签字	〔動〕サインする.署名する	20
qiáomàimiàn	荞麦面	〔名〕蕎麦.そば	1
qǐchuáng	起床	〔動〕起きる.起床する	7
qīng	轻	〔形〕軽い	25
qíng	晴	〔形〕晴れている	10
qǐng	请	〔敬〕どうぞ(～してください)	3
qīngcài	青菜	〔名〕野菜.野菜料理	16
Qīngdǎo	青岛	〔名〕青島(中国の地名)	16
Qíngkōngtǎ	晴空塔	〔名〕スカイツリー	21
qíngtiān	晴天	〔名〕晴天	10
qīngzhēng	清蒸	〔名〕蒸し料理	16
qípáo	旗袍	〔名〕チャイナドレス	15
qiūdāoyú	秋刀鱼	〔名〕秋刀魚.サンマ	1
qiūtiān	秋天	〔名〕秋	10
qìwēn	气温	〔名〕気温	10
qízhōng	其中	〔方〕そのうち.その中	22
qù	去	〔動〕行く	3
quàn	券	〔名〕券	19
quánjiāfú	全家福	〔名〕家族全員の記念写真	8
quèrèn	确认	〔動〕確認する	11
qúnzi	裙子	〔名〕スカート	15

介詞(前置詞)→〔介〕 接続詞→〔接続〕 感嘆詞→〔感〕 方位名詞→〔方〕 成語→〔成〕 敬語→〔敬〕 挨拶→〔挨〕
常套語→〔常〕 接尾語→〔接尾〕 複合方向補語→〔複〕

【R】

拼 音	中 文	日文译文	课
ràngkāi	让开	〔動〕よける.避ける.どく.(場所を)空ける	27
ránhòu	然后	〔接続〕その後	7
rè	热	〔形〕熱い.暑い	10
rén	人	〔名〕人	2
Rénmínbì	人民币	〔名〕人民元.RMB	11
rènshi	认识	〔動〕知り合う	26
rèqíng	热情	〔形〕情熱的である.親切である	26
Rìběn	日本	〔名〕日本	2
Rìwén	日文	〔名〕日本語	3
Rìyuán	日元	〔名〕(日本の)円.日本円.	4
ròu	肉	〔名〕肉	1
rùchǎngquàn	入场券	〔名〕入場券	19
rúguǒ~dehuà	如果~的话	〔接続〕もし~ならば(仮定を表す)	14
rùjìngkǎ	入境卡	〔名〕入国カード	11
rùkǒu	入口	〔名〕入り口	13
rùzhù	入住	〔動〕チェックインをする	12

【S】

拼 音	中 文	日文译文	课
sàiwēngshīmǎ	塞翁失马	〔成〕人間万事.塞翁が馬.人生の幸不幸は簡単には決めがたい	23
sǎngzi	嗓子	〔名〕喉	25
sānwényú	三文鱼	〔名〕鮭.サケ.サーモン	1
sǎo	扫	〔動〕かざす.(ほうきで)掃く	20
shàngbān	上班	〔動〕出勤する	17
shàngkè	上课	〔動〕授業を受ける	6
shāngshè	商社	〔名〕商社	17
shàngwǔ	上午	〔名〕午前	5
shāngwù	商务	〔名〕ビジネス	19
shāngwùcāng	商务舱	〔名〕ビジネスクラス	18
shàngyìng	上映	〔動〕上映する	22
shāo	稍	〔副〕少し.ちょっと	12
shèhuì	社会	〔名〕社会	23
shèjì	设计	〔名〕設計.デザイン	15
shēn	深	〔形〕深い	22
shēnbào	申报	〔動〕申告する	12
shèngdànjié	圣诞节	〔名〕クリスマス	5
shēngdòng	生动	〔形〕生き生きとしている	22
shēngrì	生日	〔名〕誕生日	5
shēngwù	生物	〔名〕生物	7
shēngyīn	声音	〔名〕声.物音	8
shēnkè	深刻	〔形〕深い	26
shénme	什么	〔疑代〕何.どんな	1
shénmede	什么的	〔名〕などなど	21

拼 音	中 文	日文译文	课
shénmeshíhou	什么时候	〔疑代〕いつ	5
shì	是	〔動〕~は~である	2
shì	试	〔動〕試す	11
shī	诗	〔名〕詩	26
shìchǎng	市场	〔名〕市場	24
shíjiān	时间	〔名〕時間	5
shìjiè	世界	〔名〕世界	3
Shísānlíng	十三陵	〔名〕十三陵	21
shítáng	食堂	〔名〕学生食堂.社員食堂	7
shìxiān	事先	〔名〕事前に	23
shìyījiān	试衣间	〔名〕試着室	15
shǐyòng	使用	〔動〕使用する	20
shízilùkǒu	十字路口	〔名〕十字路	13
shīzitóu	狮子头	〔名〕大きな肉団子	16
shòu	瘦	〔形〕痩せている	8
shòu	瘦	〔形〕(服・靴などが)小さくて窮屈である	15
shǒu	手	〔名〕手	7
shǒudū	首都	〔名〕首都	14
shòuhuānyíng	受欢迎	〔形〕歓迎される.人気がある	22
shōuhuò	收获	〔名〕収穫	26
shǒujī	手机	〔名〕携帯電話	17
shòusī	寿司	〔名〕寿司.すし	2
shǒuxù	手续	〔名〕手続き	12
shū	书	〔名〕本	3
shǔ	数	〔動〕数える	11
shuāngrénfáng	双人房	〔名〕ツインルーム	18
shūfu	舒服	〔形〕気持ちいい.体調がいい	25
shuí	谁	〔疑代〕誰	1
shuǐ	水	〔名〕水	1
shuì	睡	〔動〕寝る	6
shuìjiào	睡觉	〔動〕寝る	7
shùnlì	顺利	〔形〕順調である	14
shuō	说	〔動〕言う.話す	4
shuōmíng	说明	〔名〕説明〔動〕説明する	4
shuōmíngshū	说明书	〔名〕説明書	24
shūrù	输入	〔動〕入力する	20
shùxué	数学	〔名〕数学	7
sìmiànchǔgē	四面楚歌	〔成〕四面楚歌.敵に囲まれて孤立しているたとえ	23
sìniánjí	四年级	〔名〕四年生	8
sòng	送	〔名〕見送る.送る	14
suì	岁	〔量〕歳(年齢を数える)	5
suíxìn	随信	〔動〕同封する.手紙とともに(送る)	26

【品詞の説明】 名詞→〔名〕 動詞→〔動〕 助詞→〔助〕 助動詞→〔助動〕 形容詞→〔形〕 数詞→〔数〕
数量詞→〔数量〕 量詞→〔量〕 疑問代詞→〔疑代〕 人称代詞→〔人代〕 指示代詞→〔指代〕 副詞→〔副〕

拼音	中文	日文译文	课
【T】			
tā	他	〔人代〕彼	1
tā	她	〔人代〕彼女	1
tā	它	〔人代〕それ.あれ	1
tài~le	太~了	〔副〕あまりにも~すぎる.すごく	5
Táibì	台币	〔名〕台湾ドル	11
tán	弹	〔動〕弾く	9
tāng	汤	〔名〕スープ	16
tánhuà	谈话	〔動〕話し合う	26
tàofáng	套房	〔名〕スイートルーム	19
tèbiéshì	特别是	〔副〕特に	26
tècháng	特长	〔名〕特技	9
téng	疼	〔形〕痛い	25
tèsècài	特色菜	〔名〕お薦め料理	16
tī	踢	〔動〕蹴る	9
tián	填	〔動〕記入する.書き込む	11
Tiān'ānmén	天安门	〔名〕天安門	21
tiándiǎn	甜点	〔名〕スイーツ.デザート	16
tiānqì	天气	〔名〕天気	10
Tiāntán	天坛	〔名〕天壇	21
tiánxiě	填写	〔動〕記入する	19
tīng	听	〔動〕聞く	4
tíngdiàn	停电	〔動〕停電する	27
tīnglì	听力	〔名〕聴力.(外国語の)聞き取り能力	4
tīngshuō	听说	〔接続〕聞くところでは~だそうだ	23
tǐwēn	体温	〔名〕体温	25
tǐzhòng	体重	〔名〕体重	25
tóu	头	〔名〕頭	25
tuìfáng	退房	〔動〕チェックアウトをする	12
tuījiàn	推荐	〔動〕推薦する.薦める	21
tuìxiū	退休	〔動〕退職する.定年になる	8
tuō	脱	〔動〕脱ぐ	15
tuōfú	托福	〔常〕おかげさまで	26
tuōyùn	托运	〔動〕託送する	12
túshūguǎn	图书馆	〔名〕図書館	2
【W】			
wàiguó	外国	〔名〕外国	2
wǎn	碗	〔名〕わん〔量〕わんに入ったものに用いる	4
wǎncān	晚餐	〔名〕晚餐.ディナー	12
wǎng	往	〔介〕~へ(方向を表す)	13
wàng	忘	〔動〕忘れる	20
wánr	玩儿	〔動〕遊ぶ	10
wǎnshàng	晚上	〔名〕晚.夜	5

拼音	中文	日文译文	课
wànshìrúyì	万事如意	〔成〕万事が思い通りである	26
wéi	喂	〔感〕もしもし(呼びかけに用いる)	17
wèi	位	〔量〕敬意を持って人を数える	16
wèikǒu	胃口	〔名〕食欲	25
wèishénme	为什么	〔疑代〕なぜ.どうして	6
wēixìn	微信	〔名〕WeChat	19
wèizhi	位置	〔名〕位置	13
wèn	问	〔動〕問う.質問する.尋ねる	4
wènhǎo	问好	〔動〕あいさつする.よろしく言う	26
wénhuà	文化	〔名〕文化	23
wèntí	问题	〔名〕問題.質問.トラブル	20
wénxué	文学	〔名〕文学	23
wǒ	我	〔人代〕私	1
wǔcān	午餐	〔名〕昼食	19
wūdōngmiàn	乌冬面	〔名〕うどん	1
wùlǐ	物理	〔名〕物理	7
【X】			
xī	吸	〔動〕吸う	16
xǐ	洗	〔動〕洗う	7
xiàbān	下班	〔動〕退社する	17
xiàcì	下次	〔名〕この次.次回	20
xiàlái	下来	〔複〕~しておく	4
xiān	先	〔副〕先に.まず.とりあえず	11
xiàng	像	〔動〕似ている	8
xiǎng	想	〔動〕考える.思う	4
xiǎngqǐ	想起	〔動〕思い出す	26
Xiāngshān	香山	〔名〕香山	21
xiàngshàng	向上	〔形〕積極的である.向上する	26
XiàngYǔ	项羽	〔名〕項羽	23
xiànjīn	现金	〔名〕現金	19
xiànmù	羡慕	〔動〕羨む.羨望する	9
xiānsheng	先生	〔名〕~さん(男性に対する敬称)	2
xiào	笑	〔動〕笑う	22
xiǎojiě	小姐	〔名〕~さん(女性に対する敬称)	2
xiǎoshí	小时	〔名〕~時間(時の経過を数える単位)	6
xiǎoshíhou	小时候	〔名〕小さい頃	9
xiǎotōu	小偷	〔名〕泥棒	27
xiǎoxīn	小心	〔動〕気を付ける	14
xiǎozhuōbǎn	小桌板	〔名〕座席のテーブル	12
xiàtiān	夏天	〔名〕夏	9
xiàwǔ	下午	〔名〕午後	5
xiàyǔ	下雨	〔動〕雨が降る	10
xīcān	西餐	〔名〕西洋料理.洋食	18

介詞(前置詞)→〔介〕 接続詞→〔接続〕 感嘆詞→〔感〕 方位名詞→〔方〕 成語→〔成〕 敬語→〔敬〕 挨拶→〔挨〕
常套語→〔常〕 接尾語→〔接尾〕 複合方向補語→〔複〕

145

拼 音	中 文	日文译文	课
xié	鞋	〔名〕靴	15
xiě	写	〔動〕書く	4
xièxie	谢谢	〔動〕～に感謝する〔挨〕ありがとう	2
xǐhuān	喜欢	〔動〕好きである.好む	1
xǐjù	喜剧	〔名〕喜劇.コメディー	22
xin	信	〔名〕手紙	26
xìngfú	幸福	〔形〕幸福である	8
xìnggé	性格	〔名〕性格	8
xíngli	行李	〔名〕荷物	12
xínglishēng	行李生	〔名〕ベルボーイ	20
xīngqīliù	星期六	〔名〕土曜日	5
xìngqù	兴趣	〔名〕興味	23
xìngyùn	幸运	〔形〕幸運である	18
xīnkǔle	辛苦了	〔常〕お疲れ様です	24
xīnnián	新年	〔名〕新年.お正月	5
Xīnxì	新潟	〔名〕新潟	14
xīnxiān	新鲜	〔形〕新鮮である	16
xinyòngkǎ	信用卡	〔名〕クレジットカード	19
xǐshǒujiān	洗手间	〔名〕御手洗	13
xiūjià	休假	〔動〕休暇を取る	17
xiūxi	休息	〔名〕休み〔動〕休む	5
xīwàng	希望	〔名〕希望〔動〕希望する.願う	10
xǐyīfu	洗衣服	〔動〕洗濯する	20
xǐzǎo	洗澡	〔動〕お風呂に入る	7
xué	学	〔動〕学ぶ.習う	2
xuéshēng	学生	〔名〕学生	2
xuéxí	学习	〔名〕学習〔動〕学習する	7
xuèyā	血压	〔名〕血圧	25
xūyào	需要	〔動〕必要としている	6

【Y】

拼 音	中 文	日文译文	课
yá	牙	〔名〕歯	25
yājīn	押金	〔名〕前金	19
yǎn	演	〔動〕演じる	22
yān	烟	〔名〕タバコ	16
yàngzi	样子	〔名〕形.格好	15
yánsè	颜色	〔名〕色	15
yǎnyuán	演员	〔名〕役者.俳優	22
yánzhòng	严重	〔形〕ひどい.深刻である	25
yào	要	〔動〕要る.欲しい〔助動〕～したい	1
yào	要	〔動〕要する.かかる	6
yào	药	〔名〕薬	25
yàojǐn	要紧	〔形〕(状況が)厳しい.深刻である	25
yàoshi	钥匙	〔名〕鍵	12

拼 音	中 文	日文译文	课
yàoshì jiù	要是～,就	〔接続〕もし～,～をする	10
yě	也	〔副〕も	1
yìbiān, yìbiān	一边,一边	〔副〕～をしながら,～をする	7
Yìdàlì	意大利	〔名〕イタリア	2
yìdiǎnr	一点儿	〔数量〕少し(不定の数量を表す)	4
yídìng	一定	〔副〕きっと.必ず.ぜひ	9
yīfu	衣服	〔名〕服	15
yígexīngqī	一个星期	〔名〕一週間	6
yígòng	一共	〔副〕全部で.合わせて	11
yǐhòu	以后	〔方〕以後	8
yǐjīng	已经	〔副〕既に.もう	15
yīn	阴	〔形〕曇っている	10
yīnghuā	樱花	〔名〕桜	10
Yīngwén	英文	〔名〕英語	3
yíngyè	营业	〔動〕営業する	19
yínháng	银行	〔名〕銀行	8
yǐnliào	饮料	〔名〕飲み物	20
yínpái	银牌	〔名〕銀メダル	22
yīnwèi	因为	〔接続〕なぜならば～	6
yìnxiàng	印象	〔名〕印象	22
yīnyuè	音乐	〔名〕音楽	6
yīnyuèhuì	音乐会	〔名〕音楽会.コンサート	6
yìqǐ	一起	〔副〕一緒に	5
yǐqián	以前	〔方〕以前.今まで	21
yīshēng	医生	〔名〕医者	8
yìsi	意思	〔名〕意味	4
yìtiān	一天	〔名〕一日	7
yíxià	一下	〔数量〕ちょっと(動詞の後に用いる)	11
yīyuàn	医院	〔名〕病院	13
yìzhí	一直	〔副〕真っすぐに.ずっと	13
yòng	用	〔動〕使う.用いる	19
yòu	右	〔方〕右	13
yǒu	有	〔動〕ある	3
yóujú	邮局	〔名〕郵便局	13
yōuhuìquàn	优惠券	〔名〕優待券.クーポン	19
yóulái	由来	〔名〕由来	23
yóulǎn	游览	〔動〕観光する	21
yǒumíng	有名	〔形〕有名である	23
yǒushì	有事	〔動〕用事がある	17
yóuxì	游戏	〔名〕ゲーム	22
yǒuyìsi	有意思	〔形〕面白い	23
yóuyǒng	游泳	〔動〕泳ぐ	4
yóuyǒngguǎn	游泳馆	〔名〕屋内プール	7
yú	鱼	〔名〕魚	1

【品詞の説明】 名詞→〔名〕 動詞→〔動〕 助詞→〔助〕 助動詞→〔助動〕 形容詞→〔形〕 数詞→〔数〕
数量詞→〔数量〕 量詞→〔量〕 疑問代詞→〔疑代〕 人称代詞→〔人代〕 指示代詞→〔指代〕 副詞→〔副〕

拼 音	中 文	日文译文	课
yuǎn	远	〔形〕遠い	13
yùbào	预报	〔名〕予報	10
yùdìng	预订	〔動〕予約する	11
yùdìngdān	预订单	〔名〕予約用紙	11
yùdìng	预定	〔名〕予定〔動〕予定する	17
yuè	月	〔名〕月	5
yuèláiyuè	越来越	〔副〕ますます.来れば来るほど	10
yùjīnxiāng	郁金香	〔名〕チューリップ	10
yúkuài	愉快	〔形〕愉快である	26
yùndòng	运动	〔名〕運動〔動〕運動する	6
yùndònghuì	运动会	〔名〕運動会	6

【Z】

拼 音	中 文	日文译文	课
zài	在	〔動〕いる.ある	2
zài	在	〔副〕「在+動」～している(進行形を表す)	2
zài	在	〔介〕「在+場所」～で.～に	2
zài	再	〔副〕再び.もう一度	3
zǎocānquàn	早餐券	〔名〕朝食券	12
zázhì	杂志	〔名〕雑誌	3
zěnme	怎么	〔疑代〕どうやって.どのように	13
zěnmele	怎么了	〔疑代〕どうですか.どうしましたか	25
zhǎng	长	〔動〕成長する.育つ	8
zhǎngdexiàng	长得像	〔動〕(顔つきが)似ている	8
zhāngkāi	张开	〔動〕開ける	25
zhǎnlǎnhuì	展览会	〔名〕展示会	24
zhànxiàn	占线	〔動〕(電話が)話し中である	17
zhǎo	找	〔動〕探す.訪ねる.つり銭を出す	3
zháohuǒ	着火	〔動〕火事になる	27
zháojí	着急	〔形〕急ぐ.焦る	14
zhàopiàn	照片	〔名〕写真	8
zhàoxiàngjī	照相机	〔名〕カメラ	20
zhè	这	〔指代〕これ.この	8
zhècì	这次	〔名〕今回	26
zhèli	这里	〔指代〕ここ.こちら	17
zhème	这么	〔指代〕このように.こんなに	24
zhēn	真	〔副〕本当に	9
zhēnde	真的	〔副〕本当に.確かに	5
zhěng	整	〔副〕ちょうど.かっきり	12
zhènghǎo	正好	〔副〕ちょうど	18
zhēnjiǔshī	针灸师	〔名〕鍼灸師	8
zhēnshí	真实	〔形〕偽りのない.真実である	22
zhǐ	只	〔副〕だけ	4
zhīdào	知道	〔動〕知っている	23
zhīfù	支付	〔動〕支払う	19

拼 音	中 文	日文译文	课
zhīfùbǎo	支付宝	〔名〕アリペイ	19
zhīyī	之一	〔名〕～の一つ	22
zhíyuán	职员	〔名〕職員	2
zhōngcān	中餐	〔名〕中国料理	18
Zhōngguó	中国	〔名〕中国	2
Zhōngguóhuà	中国话	〔名〕中国語	2
Zhōngwén	中文	〔名〕中国語	3
zhōngwǔ	中午	〔名〕昼	5
zhōngxīn	中心	〔名〕センター	19
zhōumò	周末	〔名〕週末	5
zhù	祝	〔動〕祝う.祈る	5
zhù	住	〔動〕住む.泊まる	18
zhuǎn	转	〔動〕取り次ぐ	17
zhuǎngào	转告	〔動〕代わって伝える.伝言する	17
zhuānyè	专业	〔名〕専攻.専門	8
zhǔchírén	主持人	〔名〕キャスター.司会者	22
zhǔnbèi	准备	〔動〕準備する.用意する	12
zhuōzi	桌子	〔名〕テーブル	18
zhūròu	猪肉	〔名〕豚肉	1
zhǔshí	主食	〔名〕主食	16
zhùsù	住宿	〔動〕宿泊する	14
zhùyì	注意	〔動〕気を付ける.注意する	14
zì	字	〔名〕字	4
zìdǎozìyǎn	自导自演	〔動〕自ら監督と主演俳優を務める	22
zìdiǎn	字典	〔名〕辞書	3
zīgé	资格	〔名〕資格	9
zìjǐ	自己	〔人代〕自分(で)	24
zīliào	资料	〔名〕資料	24
zixíngchē	自行车	〔名〕自転車	13
zǒngjīnglǐ	总经理	〔名〕総経理.社長	17
zǒu	走	〔動〕行く.歩く	13
zuǐ	嘴	〔名〕口	25
zuìdà	最大	〔形〕最大	26
zuìdī	最低	〔形〕最低	10
zuìgāo	最高	〔形〕最高	10
zuìhǎo	最好	〔副〕できるだけ～したほうがよい	23
zuò	做	〔動〕する.やる.作る	9
zuò	坐	〔動〕座る.乗る	12
zuótiān	昨天	〔名〕昨日	5
zuòwèi	座位	〔名〕席	18
zuǒyòu	左右	〔副〕くらい(数量詞の後につく)	6
zúqiú	足球	〔名〕サッカー	9

介詞(前置詞)→〔介〕 接続詞→〔接続〕 感嘆詞→〔感〕 方位名詞→〔方〕 成語→〔成〕 敬語→〔敬〕 挨拶→〔挨〕
常套語→〔常〕 接尾語→〔接尾〕 複合方向補語→〔複〕

著者略歴

ソン リビン
孫犁冰　Sun Libing

新潟青陵大学短期大学部人間総合学科准教授。翻訳家。
1971年中国ハルビンンに生まれる。1992年9月ハルビン師範大学
中国語言文学学部を中退し、来日。2006年新潟大学大学院現代社会
研究科博士後期課程を修了。経済学博士。2011年4月より、現職。
2016年9月より、新潟県労働金庫理事を兼任。

翻訳書に、『历史与现实（东方卷）松冈正刚的思辨课』（単訳、北方
文藝出版社、2019年）、『历史与现实（西方卷）松冈正刚的思辨课』
（単訳、北方文藝出版社、2019年）、『呉敬璉、中国経済改革への道』
（共訳、NTT出版、2015年）、『中国現代童話集　愛ママ弁当』（共訳、
新潟日報事業社、2002年）など。
著書に、『経済学入門』（共著、みらい出版、2018年）など。

【主要参考文献】
『中日辞典第2版』北京商務印書館/小学館（小学館）
『Unicode版中日大辞典増訂第2版』愛知大学中日大辞典編纂処（大修館書店）
『中国語新語ビジネス用語辞典電子版第2版』塚本慶一/髙田裕子/張弘（大修館書店）
『現代漢語詞典第7版』中国社会科学院語言研究所詞典編輯室（商務印書館）

らく がくちゅうごく ご
楽学中国語

2021（令和3）年9月29日　初版第1刷発行

著　　者	孫犁冰
発　行　者	渡辺英美子
発　行　所	新潟日報事業社
	〒950-8546　新潟市中央区万代3-1-1　メディアシップ14F
	TEL　025-383-8020　FAX　025-383-8028
	http://www.nnj-net.co.jp
印刷・製本	株式会社　小田

ISBN978-4-86132-782-7
©Sun Libing 2021,Printed in Japan
落丁・乱丁本は送料小社負担にてお取り替えします。
定価はカバーに表示してあります。